# 一读就入局的中国历史

刘世芬 ◎ 著

中华工商联合出版社

## 图书在版编目（CIP）数据

一读就入局的中国历史 / 刘世芬著. -- 北京：中华工商联合出版社，2024.8. -- ISBN 978-7-5158-4067-3

Ⅰ．K209

中国国家版本馆 CIP 数据核字第 2024VP3242 号

## 一读就入局的中国历史

| | |
|---|---|
| 作　　者： | 刘世芬 |
| 出 品 人： | 刘　刚 |
| 责任编辑： | 吴建新 |
| 装帧设计： | 荆棘设计 |
| 责任审读： | 郭敬梅 |
| 责任印制： | 陈德松 |
| 出版发行： | 中华工商联合出版社有限责任公司 |
| 印　　刷： | 三河市宏顺兴印刷有限公司 |
| 版　　次： | 2024 年 8 月第 1 版 |
| 印　　次： | 2024 年 9 月第 1 次印刷 |
| 开　　本： | 710mm×1000mm　1/16 |
| 字　　数： | 200 千字 |
| 印　　张： | 12 |
| 书　　号： | ISBN 978-7-5158-4067-3 |
| 定　　价： | 68.00 元 |

服务热线：010—58301130—0（前台）
销售热线：010—58302977（网店部）
　　　　　010—58302166（门店部）
　　　　　010—58302837（馆配部、新媒体部）
　　　　　010—58302813（团购部）
地址邮编：北京市西城区西环广场 A 座
　　　　　19—20 层，100044
http://www.chgslcbs.cn
投稿热线：010—58302907（总编室）
投稿邮箱：1621239583@qq.com

**工商联版图书**
**版权所有　侵权必究**

凡本社图书出现印装质量问题，请与印务部联系。

联系电话：010—58302915

自序

## 绿窗明月在

近年，我因恶补欧美文学，大量阅读欧美作家的作品，对中国历史有所疏离。而这本书的选题，让我有片刻的恍惚，意识到该切换频道了。

非中文系，也非历史系，出身工科，文学写作纯属业余——这就是我，一个文学票友的现状。

稍作收拢，原以为工科和文科有如山如海的隔膜与违和，不料，文史不分家，竟是真切的存在。

原来，在一直以来的阅读和写作中，也时而往中国历史这边"张望"一下，那些本以为湮灭得无声无息的岁月颗粒，此时，一声"历史"的鸣哨，此前读过的书，走过的路，吟过的诗，见过的人，都乖乖前来集合。

自记事起，父亲就爱捧着一本黄旧的"老书"，戴一副老花镜，读得津津有味。那本旧书，竖排，繁体，对于尚未上学的我来说就等于天书了。有时我转到父亲身后，看他用钢笔在字间划着，手指间尚存刚从田间劳作时带回的土屑……他手中的书并不固定，当我认字之后，可以辨认出有时是《资治通鉴》，有时是《隋书》，肯定还有别的，只是我的记忆已被时光掐断。唯一难忘的，是他那个捧读的姿势。那时物质匮乏，全家人三餐无继，而父亲的阅读明确告诉我：书页上的文字比吃食金贵。

从旧私塾出来的父亲，读这些书并不奇怪，我当时年幼不懂它们的意义。后来升学到省城，工作、成家后，父亲有时跟来居住，每次仍带着一两本书。此时那些书已经像他的人一样訇然老去，黄旧残破，仿佛分分钟会散架一般。他经常倚在床头或沙发，仍是那个固定的捧读姿势，我那时为工作和家庭忙得焦头烂额，好奇地问父亲那书有什么好读？父亲说："你们那么忙，我又没事，看着书里的事解闷而已。"

《资治通鉴》竟能让父亲解闷！这是我在奔波之余偶尔的打量。我学的纺织专业，从未接触过这些书。后来女儿稍大，可以稍作喘息时，父亲也故去了，我渐渐地试图剖解父亲曾经的那颗苍古之心，每有豁然之感。

我虽不曾系统阅读《资治通鉴》等书，但父亲那个捧读的姿势，像某个谶语，把我带进一种历史场域，深深影响了我之后的阅读和写作。现在回望，我那点可怜的历史知识源于家中藏书中的古籍以及古诗词。我自幼对远古故事和古诗词痴迷，后来再教女儿背诵，其中的历史人物、事件、地点、传说，形成一种类似历史课的知识点，而这又呼应着父亲的阅读，一个辽阔的文史疆域在眼前铺展。

日后的行走，又强化了这些零散的历史记忆。

工作后，我几乎走遍全国各省。莽莽华夏，千丘万壑，古迹处处，这样的行走中，经常与此前纸上的古人或事件猝然相遇。有一次我在江西赣州，晚饭后与当地工作人员一起前往三江口。章江，贡江，赣江，一路走来，蓦然抬头，竟是"郁孤台"，心头一凛：郁孤台下清江水？辛弃疾雕像前久久低徊，同行的人都去看江了，我仍万千思绪。曾经的阅读并未探究郁孤台在哪个城市，此处偶遇，欣喜不已。神州处处，不经意中与古人对话，这让我想起父亲，我比父辈幸福得多。

从赣州归来，郁孤台挥之不去。于是引发了我对旧时文人武将关于"长安"这一象征着权力中心的复杂思考。想辛弃疾曾在那里仰天长啸，我的心不由得为这个古人揪紧。当时还想，他为什么望长安呢？不是应该望临安或汴梁吗？

这些年我也因工作和生活关系经常前往杭州。在我心里，这座美丽的城市不但是一本诗词集，更像一本历史教科书。由杭州发散开去，温州的江心屿，昔日青田今日文成县的刘基故里，在台州寻访严蕊的《卜算子》影迹，在金华的八咏楼、衢州的文庙……有一年春节到诸暨旅游，本意是看西施故里，却意外地发现一个陌生名字——郑旦。看文字介绍才知郑旦的美赛过西施，还是西施的伯乐。站在郑旦亭前，我思绪难平：世间有几人知道郑旦呢？

有一段时间，看上去很是"好学"的我，其实越到后面就有了些实用之想：教女儿背诵诗词和一些地理历史知识。有一次我带她去南京，莫愁湖里撞见胜棋楼，此前教她背诵的"为君难，为臣不易"，以及背后的君臣对弈立即涌现眼前，索性对她来个"现场教学"……

前几年，我受一位作家之托，校对一本关于魏徵的文学剧本，并写书评。之后不久我去洛阳，正值春日，无暇欣赏娇艳的牡丹，迫不及待地向本地人打听剧本中所描述的洛阳宫，直到被告知：洛阳宫已成云烟，代之而起的是今天可见的明堂和天堂。

逝者如斯。不过，美国博士拉德福德·斯科也提出：时间并不会像水一样流走，时间中的一切始终存在。我深以为然。本以为繁复庸常的生活吞噬了以往的一切，如今机缘唤醒，才发现这些历史点滴竟如此牢固地沉淀于心的深处，此刻它们争抢着跑到笔下。

一百五十多年前，托尔斯泰在《战争与和平》中说："每个人都有两种生活：一种是个人的私生活，它的兴趣越抽象，就越自由；一种是天然的群体生活，人在其中就必须遵守给他预定的各种法则。"

一桩完成的行为，一场业已发生的既定事件，是不可挽回的；一个人与千百万人在同一时间内的汇合、互动，从而成为了历史。

自从人类生活在地球上，人心的躁动永无餍足，似乎古代没有哪一个国家可以幸免于动荡与悲剧，也没有哪一个社会能够达成永久的岁月静好，更没有哪一个人能够超然于历史。以史为鉴，对于普通人来说是了解历史或许更重要的是指导当下，烛照未来。

写作和阅读的过程犹如在历史的沙滩上漫步，历史的涛声一波又一波传来……想到我们脚下的这片土地上，先人们曾经努力生活过，美丑善恶，杀伐与和平，分分合合，青山依旧，几度夕阳，一直到今天，其实这蛮隆重的。

绿窗明月在，青史古人空。

历史，总是充满遗憾的，历史本身就是遗憾。人或贵为皇族，或微至蝼蚁，谁人能一直志得而意满？不信你瞧，纵使人类发明了AI，遗憾仍旧是有的。遗憾，已为人生常态。

但重温历史，能够减少、降低遗憾的频次和程度；能够提供现实生活的借鉴和启示；能够启迪智慧，规避风险，未雨绸缪；能够放眼风物，知来路，明去处，知进退，明得失，权作为未来储值。

感谢这本书的出版，将我此前的历史阅读和积累全方位整合提炼。毕竟仍是非史学人士的一次历史书写，一己之思，一孔之见，期待读者指正。

2024年3月

目录

| 第一章 |
**王权的阴影：几多奇葩几多奇迹**

从焚书到坑儒：帝王治世的灰色逻辑 / 2

"熬死"九个皇帝的南越王赵佗的长寿奇迹 / 4

项羽的错位：坚车能载重，渡河不如舟 / 7

"流氓皇帝"与仁义皇叔 / 10

刘彻的奇遇：一蛋定乾坤 / 13

李世民为 390 名死囚犯甘冒大险 / 16

武则天：从驯服烈马开始的女皇之路 / 20

快意棋盘的唐肃宗李亨 / 25

杯酒释兵权的严重后遗症 / 28

纳土归宋：伟大的历史放弃 / 32

出家，是顺治帝执爱的归宿吗？ / 34

| 第二章 |
**红颜的浅吟：时而香艳，时而刀剑**

西施故里的冠亚军 / 38

吕后与"人彘",一张女人斗法的远古底片 / 40

李夫人：人间第一清醒 / 43

汉元帝如何"错过"了王昭君？ / 46

明明可以拼颜值，她终以温良贤淑助夫上位 / 49

甄宓与郭嬛："农夫和蛇"的故事何曾止歇 / 52

长孙皇后：脂粉靡丽中的一股清流 / 56

罗四：红顶商人为你"洗秋" / 60

## 第三章
## 臣子的挣扎：贤与奸的纠缠，忠与逆的对决

管仲一粮收四国 / 64

范蠡救子还是害子？ / 67

桓公想食人肉，他以四岁儿子献祭 / 70

黄金千两与季布一诺 / 73

杨震："四知太守" / 76

天意洛阳宫 / 79

马周：从门客到重臣 / 82

秦桧的坏，你知道多少？ / 85

## 第四章
## 武将的结局：忠勇是一回事，对错是一回事

凄迷哥舒瀚 / 90

侯君集私藏夜明珠 / 93

从少年犯到一代军神的狄青 / 96

岳飞必须死的三个"理由" / 99

慧眼识珠的宗泽 / 103

袁崇焕的生前名与身后事 / 106

毁誉参半多尔衮 / 109

|第五章|
## 在野或在朝：天下才子难以回避的选择题

漫漫潮州路，江山尽姓韩 / 114

当年，李白绕过西湖 / 117

世间最美的刑罚 / 120

宁为宇宙闲吟客 / 123

林和靖：谁肯抱鹤家西湖 / 126

笔底明珠无处卖 / 129

湖山一"粒"人 / 132

能潦倒，也逍遥 / 134

|第六章|
## 角落里的才女：吹花嚼蕊弄冰弦

咏絮女以诗才自救 / 138

王韫秀诗谏"凤凰男" / 141

何得无价兼有情 / 144

望江楼下薛涛笺 / 148

若得山花插满头 / 150

谁记琴操一段情 / 154

你侬我侬若奈何 / 157

|第七章|
五行八作的痕迹：明灭着人间最动人的烟火

活在《诗经》里的大小毛公 / 162

这款梨膏有点甜 / 164

孙思邈：不是御医，胜似御医 / 167

堪比西天取经的"一言止杀" / 170

历史上最早的"CFO" / 173

两千多年前的"心理医生" / 176

参考文献 / 179

# 第一章 王权的阴影：几多奇葩几多奇迹

帝王将相在推动历史巨门的同时，留下许多兴亡得失、成败盛衰的历史瞬间，但作为个人的悲欢离合以及诸多诡异离奇，也颇耐寻味。

## ⊙ 从焚书到坑儒：帝王治世的灰色逻辑

公元前221年，六王毕，四海一。按照惯常思维，刚刚经过长时间的征战，国家该自我疗伤了，百姓早已渴盼休养生息。

然而，野心却不允许秦始皇喘息，他将目标设定为"德冠三皇，功高五帝"，继续对千疮百孔的中华大地开展大刀阔斧的"开膛破肚"，策划和实施了四项震惊朝野的大动作：北击匈奴，南开五岭，东探海疆，修筑长城、骊山陵和阿房宫。

虽然秦帝国已经成为当时亚洲地区拥有最先进文化和科学技术的最强大的国家，然而秦始皇的野心非但没为国家续命，反而加速了秦朝灭亡——仅仅存活了短短15年。其中根本原因，除了穷兵黩武、残暴无度，还有就是"焚书坑儒"了。

一切源自公元前213年咸阳宫那场盛大的宴席。

秦始皇与众臣频频对饮，讨论分封制和郡县制两个议题。

其实这个议题早在几年前秦一统天下后就曾激烈地碰撞过。关于分封制，当时朝廷出现了两种声音：一是以丞相王绾为代表，主张应该遵循历史惯性，沿袭周朝的分封制；另一个则是以廷尉李斯为代表，提出不要重蹈周朝末年诸侯纷争的覆辙，而不赞成分封秦族子弟的反对派。面对两种声音，李斯的提议正中秦始皇的下怀，他同意李斯的提议于是采用了利于中央集权和统一的郡县制。

而今，在这场宴会上，又提及了这个话题。

对当下朝廷制度赞美的声音来自仆射周青臣："秦国当年又穷又弱，自从陛下打败众诸侯，才有了富强的秦国，值得庆贺。"

秦始皇得意洋洋，仰天长笑。不料，博士淳于越却当场反驳："当年的周朝有诸侯国作为帮手，而今陛下的臣子却是匹夫，如果没有人辅弼您，该怎么办？"

秦始皇龙颜大怒。他骇然中想到，一些以儒家为代表的传统思想，与他推行的法家思想格格不入。有些人上书言事，批评他的暴政，朝政之声议论不绝。秦始皇认为这些"上书言事者"就是当时的儒生或者受到儒家思想影响的士人。

恰好丞相李斯出面救场："陛下创建大业非常人能理解，三皇五帝是很多年前的事了，根本没有可比性。时移事异，什么年代做什么事。"

秦始皇一听，心中暗喜，问道："你认为应该怎么办呢？"

"禁书！"

"怎么禁？"

"臣以为，除了《秦记》，其余列国史书、诸子百家及其他典籍一并烧毁，民间只留医药、占卜、农书等。同时，绝不允许私藏《诗》《书》，禁止百姓借《诗》《书》之名以古非今，违者处死。"

君臣一拍即合。

一场史无前例的"焚书"运动焚遍秦国。从都城咸阳到穷乡僻壤，到处是焚书的熊熊烈火，那些凝聚着各家学派心血的宝贵典籍化为缕缕青烟……

德国诗人海因里希·海涅说过一句话：哪里有人放火烧书，最后就会有人放火烧人。

书焚了，事情就到此为止了吗？

非也，书是怎么来的？"儒"写的！书不存，焉存儒生？

焚书的灰烬尚存，一件比"焚书"更为惨烈的事件降临了。而此时的儒生们，正陷于秦始皇的一个隐秘"案件"——长生不老。

秦始皇与天地社稷同寿的欲望随着国家版图不断扩大而滋生，朝野间为了呼应皇帝这一心愿，生发出一些离奇手段，据宋代《太平广记》记载，早在公元前219年，齐人徐福从千童县（今河北省盐山县）出发，带领三千童男童女和百工巧匠、修船技师、船工武士、杂役仆人等，共计六千多人、七八十条船，浩浩荡荡出海求仙，寻找长生不老药。

与此同时，散布于民间的儒生、术士也纷纷炼仙丹、找灵药。

### 精要絮语

坑儒，儒坑，历史已记下这一笔。日渐淹没在时间长河里的焚书坑儒，向我们揭示了封建帝王治世的灰色逻辑，即书蛊惑人心有害于统治，烧了最省事；人乱言惑众有碍久安，杀了最省心。

## "熬死"九个皇帝的南越王赵佗的长寿奇迹

泱泱华夏，悠悠岁月，若论帝王的寿命，人们最先提及的总是88岁的乾隆帝。其实这不过是在时间上离我们相对较近罢了。而在更为久远的两千多年前，南越王赵佗，尊享103岁，显然更为神奇。

公元前240年至公元前137年，是赵佗的生活年代，想想彼时的自然环境和生活条件，能活到103岁，难道不是奇迹吗？

赵佗的青年时代，适逢秦始皇横扫六国，本已心存高远，这时赵佗选择了从军，19岁获赐护驾御剑随秦始皇出巡，迅速在军中脱颖而出。

此时的秦国，虽然完成中原统一，但南方一隅依旧割据，不曾并入大秦版图，那一隅就是"蛮夷之地"——南越。

作为古往今来第一位皇帝，秦始皇高度膨胀的野心岂容小小南越安睡卧榻之侧？公元前219年，一支以屠睢为主将、赵佗为副将的50万大军挥师岭南，赵佗的人生也由此改写。

青年军官赵佗在这次军事行动中得到特有的锻炼：越人惯于丛林游击，昼伏夜出，声东击西，不断袭扰疲惫不堪的秦军。这使得秦军一时间在岭南陷入僵局，更为险恶的是屠睢中毒箭身亡，秦始皇只好再派大将任嚣接替屠睢，与赵佗一起并肩作战。

任嚣一改屠睢的高压酷政，与赵佗的理念吻合。赵佗又适时地向秦始皇提出了"和辑百越"的民族政策：要求从中原迁居50万居民至南越，对少数民族采取收降为主、攻伐为辅的策略，恩威并施，促进汉越融合。秦始皇立即采纳赵佗的意见，中原百姓陆续迁到南越并扎根落地，大量百姓与当地人联姻，使得汉人和越人彼此融合。秦始皇又在岭南特设南海郡、桂林郡、象郡三郡，命任嚣为南海郡守，命赵佗任龙川县令。公元前214年，岭南如愿归入秦地。

秦始皇之后，秦二世施行暴政，民怨沸腾，六国相继造反，中原战乱，楚汉争霸，整个天下唯有岭南祥和安泰。任嚣病死时将岭南托付给了赵佗，赵佗从一个县令，一跃成为南海郡郡守。

公元前206年，赵佗起兵兼收桂林郡和象郡，一统岭南三郡，创立了以番禺为王都的"东西万余里"的南越国，自称"南越武王"，并继续"和辑百越"，以诗书化国俗，以仁义团结人心，兴办学校，推广汉字，岭南"华风日盛""学校渐弘"；赵佗身先士卒，主动与越人结交，拜越人吕嘉为丞相，并重用其弟为将军。

高祖刘邦建立大汉之后，目光转向雄踞一方的赵佗。公元前196年，刘邦派遣大夫陆贾到岭南安抚赵佗，封他为南越王，这相当于正式承认了他统治的合法性。赵佗接受了汉高祖赐给的南越王印绶。当然作为回礼，赵佗审时度势，相机而行，也在政治上承认自己是汉天子的臣属，使南越国成为汉朝的一个藩属国。

公元前179年，汉文帝刘恒继位，对赵佗使用的是另一种"攻心"策略：特意在今天的河北石家庄赵陵铺村修建了赵佗先人陵墓，并派专人守卫。守陵人忠于职守，繁衍生息，渐成村落，即今天"赵陵铺"的由来。

这件事深深感动了赵佗。他主动去除帝号归复汉朝，岭南正式列入汉朝统一的版图，成为九州的一部分。一直到汉景帝时代，赵佗都向汉朝称臣，每年在春秋两季派人到长安朝见汉朝皇帝，并像诸侯王一样接受命令。

安土重迁并不适合赵佗，或许更为可贵的正是赵佗的随遇而安，懂得在时势的沉浮中修身养性，伺机而起。因为他明白要随时迎接更残酷的考验。

汉武帝建元四年（公元前137年），蓦然回首，赵佗已别家81载。这个数字在今天来看哪怕普通人也算长寿了，赵佗在岭南战斗生活了81年，岁月把他从内到外变成了一个岭南人。此时，他已103岁。

生命即将走到尽头，甚至所有儿子已先于他故去，他只能把王位传给孙子。至此，南越王赵佗"熬死"了千古一帝秦始皇在内的包括秦二世胡亥、秦王子婴、刘邦、汉惠帝等九个皇帝，其长寿在历史上无人能及。一直到公元前111年，赵佗的孙辈续国四代，南越国被汉朝所灭。

作为北方人，赵佗祖籍河北省石家庄市正定县，彼时称真定。岭南在秦朝属于未开化的瘴疠之地，炎热潮湿，雨水成灾，虫蛇遍布，绝不宜居，更非长寿之乡。那么,赵佗为何成为古时帝王中的第一寿星?

根据河北石家庄市赵佗公园内展厅资料,以及墓地出土遗迹,赵佗并无"长寿秘诀",与普通人无异,不过勤劳、乐观、旷达而以。

首先,工作是美丽的。赵佗早年投身军旅,身体强健。一路南下,征战不断,作为军官和后来的县令,大量政务在身,"东方未明,颠倒衣裳",接着平定岭南三郡,稳固边防,对岭南开发利用,一刻也不得闲。称帝后,一边建设,一边北伐,与汉朝对立,还要想尽办法让中原的生产工艺和各种冶炼技术全面融入岭南地区。这些工作不可谓不繁重,但可以确定的是,赵佗一直以工作为乐趣,流水不腐,户枢不蠹。若说长寿"秘诀",或许"动态"才是关键。

其次,劳逸结合,业余生活丰富。从1983年发现的南越王墓中得知,南越文帝赵眜乃是赵佗的孙子,他的墓葬中有大量的乐器,可见南越国传承了整套礼乐仪式,即所谓钟鸣鼎食之家。而这自然不是始于赵眜时期,而是赵佗生活的延续。可见赵佗虽然出身武将,却也是一个有情怀之人,极重修身养性,情趣高雅,这无疑有利于身心健康。

第三,乐观幽默。赵佗身处岭南,却能倾尽一生,建设岭南,不自怨自艾,不拘泥,不纠结。胸怀宽广,虚怀若谷,这种包容和豁达无疑有利于健康。

第四,饮食合理。当中原士兵大多水土不服的时候,赵佗却能让自己的身和心兼容并蓄。南越王墓中发现了大量牛羊鱼类及海鲜陪葬,而岭南虽海鲜丰富,牛羊并不常见,这两类食物无疑有益于降低心脑血管的发病率。

2006年,石家庄市在赵陵铺村的赵佗先人墓地遗址上修建了赵佗公园。

### 精要絮语

赵佗进入岭南,开启了岭南文明的千年辉煌;两度大义归汉,成为中国历史上象征民族团结、国家统一的重要历史事件,为中华民族统一做出不可磨灭的贡献。

## ⊙ 项羽的错位：坚车能载重，渡河不如舟

现代企业的 HR 们经常相互告诫：放错了位置的人才，就不是人才。

英雄，真的可以不问出处吗？比如刘邦、项羽。

草根刘邦，不安于农民出身，竭力挣脱，左冲右突之际混了个"泗水亭长"，整天混迹于街肆酒坊，与贩夫走卒为伍，工作琐碎烦闷，一眼望到了生命的尽头。

不过一心出人头地的刘邦，就有本事在这微不足道的岗位上多辟蹊径——积累人脉。

尽管当时作为"亭长"的刘邦不曾梦想问鼎帝王之位，可是他成了那个有准备的人，不忍浪费生命中的每个碎片，日后韩信、萧何等在大汉江山中的扛鼎之用，足以证明这一点。

再看他对面的项羽，20 多岁的年龄差，足以让他碾压十个刘邦。高贵的出身，使得他自带光芒，天赋异禀，傲视群雄。这样的二人相遇，犹如殿堂和草莽。年龄为王，不仅体现在当代，在两千多年前也莫不如此，他们出现在彼此的世界时，26 岁的项羽已经是一名军中主将，天命之年的刘邦还在苦苦挣扎……出名要趁早，刘邦就别想了，50 岁身无长物，在"力拔山兮"的项羽面前，自惭形秽这个词儿是真实存在。

但刘邦偏偏就实现了命运的逆转，天道最后真的选择了一无所有的他，让他一步一步踏上权力的巅峰。

按照现代 HR 的标准，项羽最适宜的职业是将，而非王。

后世的清代诗人顾嗣协有诗《杂兴》：骏马能历险，犁田不如牛。坚车能载重，渡河不如舟。

项羽的文韬武略让他胆识过人，不过，贵族天生的傲骄也成为一把双刃剑。神勇有余，而情商稍欠，尤欠逆商。项羽的出身让他把架子端足，骄矜

傲慢大大消抵着抗击打能力。而这种抗击打能力，这种强大的力量，能够让人类超越困难，问鼎成功。

亭长刘邦，见惯了也玩转了三教九流，比项羽遭遇了很多的挫败，他屡战屡败，屡败屡战，渐渐地对挫败免疫，想想他的心竟冷硬到可以无耻地在逃亡过程中把至亲踢下车，他还有什么是放不下的？不比项羽这个贵族，脸皮薄到在关键时刻优柔寡断，在鸿门放走死敌，关键一步，改写了二人的人生；一次挫败就刎颈乌江，试想，他若能像刘邦那样能屈能伸，像越王勾践那样伺机再起，或许秦后不是大汉，而是强楚也未为可知。

再看二人处理人际关系的不同。刘邦一方面对下属嬉笑怒骂，另一方面在关键时刻极尽体恤安抚之心。韩信、张良、萧何三员大将，为他出入生死，仗义执言，亲手将他托上皇帝宝座，最难能可贵的是，在关键时刻他们还能为刘邦规避潜在的风险和错误。

项羽最突出的却是个人勇武，他在资源整合方面的能力近乎为零。巨鹿之战后，投降的秦国将士包括王室以及六国后裔拥有的人脉都可以被他整合，可是项羽却直接坑杀20万秦军。对于秦王子婴，虽然已经投降，项羽依然杀之，秦国的宫殿也被项羽狂烧，火三月不灭。

刘邦是怎么做的呢？

公元前206年10月，刘邦率军抵达霸上（今西安白鹿原）。秦王子婴乘坐白车，驾着白马，颈上系着绳子，将皇帝玉玺和符节封好，向刘邦投降。有人主张杀掉子婴，刘邦说："当初怀王派我前来，就是因为我能宽容待人。何况人家已经投降，再杀他是不吉利的。"于是把子婴交给官吏处置。

这就是让二人立见分晓的差别——政治。某些时候，政治就是整合资源：将自己拥有的资源发挥到最佳；自己没有的，通过努力为我所用，刘邦可谓做到了极致。

刘邦领兵向西进入咸阳，众将领争先恐后地跑到秦贮藏金帛财物的府库。只有萧何先去收取秦丞相府的地图册和户籍档案，将它们收藏起来。刘邦因此得已详细了解天下的自然险要、人口户籍以及力量的分布。

当刘邦看到秦的宫室、帷帐、猎狗、骏马、重宝和宫女不计其数时，草莽出身的他无意间流露出贪恋的神色，这时，樊哙适时劝谏："您是想拥有天下呢，还是只想做一个富翁？所有这些奢华美丽的东西，都导致了秦朝的灭亡，您要它们做什么？"

刘邦依然犹豫，这时，张良附和："秦暴虐无道，所以您才能够来到这里。为天下人铲除残害百姓的秦贼，应当像服丧一样身穿缟素，以此赢得人心。如今刚入咸阳，就安于享乐，这就是人们所说的'助桀为虐'啊！"

忠言总是逆耳，但刘邦最终还是听从了劝告。

刘邦将各县父老和地方豪强全都召集起来，对他们说："父老乡亲们被秦朝苛刻的法律所苦已久。现在我与父老们约法三章，杀人者处死，伤人者和偷盗者抵罪。"

刘邦还废除了秦朝法律，各级官吏都保留原位，让百姓安居乐业。秦地百姓奔走相告，争献牛、羊、酒和饭食来慰问刘邦的将士。刘邦辞让不肯接受，说："仓库中的粮食还很多，没有缺乏，不想让百姓破费。"百姓们更加敬服他，唯恐刘邦不在秦地称王。

项羽身边有哪些谋士呢？亚父一句"竖子不足与谋"已把他定性。他的任性，刚愎自用，让他几乎成为孤家寡人。

从此，刘邦开创了经天纬地的大业。这时，项羽的位置应该在哪里？

若有项羽这样一个统军大将，刘邦是否能如虎添翼？

老天非要把项羽放在天子的位置，就像后世的李煜，就别怪项羽打烂一手好牌了。

### 精要絮语

厘清自我，确认坐标，才能走好人生那关键一步。《杂兴》还有后四句："舍长以就短，智者难为谋。生材贵适用，慎勿多苛求。"

## ⊙ "流氓皇帝"与仁义皇叔

某些时候，历史就是被一个个情节泄露的。那些情节，有的振聋发聩，有的温情脉脉。桃园结义，这千古一拜，在古老的涿州大地惊心动魄了几千年，荡气回肠了千百回，这片土地就有了一个响亮的名片——忠义。

三粒微不足道的沙尘：刘、关、张，散落于历史时空的这一隅。倘若逢了盛世，他们或许安于自己的阡陌桑田，行走于同一街市，在类似清明上河图的太平气息里，懒洋洋地做着屠夫，编着草鞋，卖着杂粮，大家拱手作揖，你好我好，天气不错……至多，生意兴隆必须扩大再生产了，大家联合组成贸易集团，关系架构不过董事和董事长，思谋着如何将企业打向全国，冲出亚洲，走向世界。

偏偏，他们遭遇了乱世。乱世是与英雄孪生的，乱世为男性宣泄荷尔蒙提供了一个难得的出口，体内的英雄因子嘭嘭地激活，成就功业是乱世里有梦的男人的唯一出路，三个被英雄情结充塞得几欲爆发的汉子，终于接住历史投给他们的揭竿而起的契机，他们愤而扔掉手中的屠刀、草绳和粮袋，三双大手冲天一握。

那一刻，"春风得意遇知音，桃花含笑映祭台"，沧桑的眼睛热泪不息。

从此马革裹尸，笑傲沙场。从此忠肝义胆，生死不改。

那冲天一拜，被后世看作彼此灵魂的寻找。以今天的人际结构来看，三角已极不稳定，够复杂，够胶着，仅仅化解嫉妒、猜疑、防范，就够他们内耗了。他们生生死死，起起伏伏，命运也凑热闹一样地为他们安排了许多"变节"的考验。

然而，那泣血一拜，犹晨钟暮鼓，浸入骨髓的，是重于江河的忠义。

正因这样的忠义，刘备将兄弟义气看得高于生命。

其实，若论初时的草根挣扎，他那个先祖刘邦与他有着相同的起跑线。

刘邦刘备，汉室二帝（刘备在蜀汉称帝，自认承袭汉室）。相隔417年，二十一代人，一样的乱世英雄，却拥有不一样的个人命运。

农民出身的刘邦生在那个秦末乱世，类似陈胜、吴广的起义数不胜数，随剿随生，待刘邦与项羽崛起，刘邦也只被项羽"提名"汉王。况且，这样一个游手好闲、地痞流氓般的人物，人生真正开始时，已经47岁。然而，与那些正襟危坐、勤于国事、从善如流的"正规军"不同，刘邦的个性从一开始就决定了他的"流氓性"：沛县富豪吕太公举办寿宴，以礼金一千银两为标准，将客人分为VIP贵宾和普通席位。泗水亭长刘邦献上多少呢？只听他朗声自报"贺金一万两"，这样的神采与气度，瞬间引爆了在场所有人，包括吕太公本人也满心欢喜地出门迎接这位赤手空拳的"贵客"。哪有什么"一万两"，不过剑走偏锋、坑蒙拐骗，只是那吕太公看到刘邦的面相，惊为天人，不但尊为上宾，还将吕家千金吕雉慷慨许配……

凭着"我是流氓我怕谁"的痞性，日后的一系列神操作，刘邦将自己的痞气、莽气、虎气、猴气，施展到极致。刘邦虽起于草莽，这种近似无赖的性格却让他俘获人心，很快聚拢了一众豪杰，殿堂草野，三教九流，统统为他所用。特别是在与项羽的较量中，长袖善舞，拉拢笼络，不计前嫌，身边的一群忠臣不惜为他赴汤蹈火，空手真的套到了白狼，一举成为大汉王朝的开国之君。

也才有了400多年后的刘备刘皇叔。

虽被汉献帝钦定为汉室"皇叔"，到了刘备的祖父刘雄与父亲刘弘这里，其实家族已经没落，渐渐由州郡小吏沦为平民布衣。尽管作为中山靖王刘胜后裔，300多年的白云苍狗，期间又有王莽篡位，东汉与西汉已经成为本质上的两个朝代，再到刘备这里，祖先的恩泽早已流失殆尽，与今天华夏大地的"遍地刘"无异。

所以当父亲离世，刘备只能与母亲相依为命，而一个靠织草鞋为生的母亲，早已标定了刘备的出身。幸而母亲开明，让他15岁时外出游学。刘备求学时，虽学业不佳，却擅长结交英雄豪杰，他宽厚仁慈的性情，深得人心。桃园结义，成为刘备人生的分水岭，让他拥有了关、张、赵，尤其是后来诸葛亮的加盟，刘备如虎添翼，得以定国蜀川。

既已定国，那就赶紧着手"兴复汉室"吧，这可是他给自己确立的人生目标！然而，命运偏偏给他安排了早年的颠沛流离和各种磨难，在仁慈的刘备心里，情比天高。刘备与关羽之间的情感，形成刘备仁义、重情的天花板。关羽在曹营12年，曹操对关羽赏以高官、金银、绸缎、美女无数，关羽不为所动，二人的感情经受了12年的考验，最后仍不离不弃地回到刘备身边，刘备对关羽深信不疑。当关羽大意失荆州并死于东吴之手，失去关羽的痛楚让刘备的感情难以承受。此时，刘备迎来了他作为政治家的生死考验：家国为重？还是兄弟情深？

诸葛亮早已在《隆中对》中确定了"东联孙吴，北拒曹操"的战略方针，赵云也以"国贼是曹操非孙权也，且先灭魏，则吴自服"进言，众臣子都能认清的局势：君子报仇十年不晚，杀弟之仇不是不报，而是时候未到，匡扶汉室，统一天下，才是重中之重……

假如刘备仍为走卒一枚，兄弟情深，为弟报仇，无疑会成为他的加分项；可恰恰此时，他已贵为一国之君，杀伐决断的智慧，非同小可。

刘备选择了为关羽报仇。

一众臣子面前，刘备甩出"朕意已决，无得再谏"的决绝！此时的刘备被兄弟之谊牢牢绑缚，连诸葛亮的叮嘱都抛之脑后：对于三国里实力较弱的蜀国来说，联合东吴抵抗曹魏才是明智之举，蜀国的主要敌人是魏国，而不是同为联军的东吴。这样的情势之下，刘备将与关羽之间的个人感情置于家国大义之上，一意孤行，丧失理智，置江山社稷于不顾，贸然出兵攻打东吴。

夷陵一战，纯属刘备头脑一热，被兄弟义气冲昏了头脑，蒙蔽了双眼，却未思及后果，不但没能达成报仇的目的，还搭上了自己的性命和整个汉蜀的未来，成为刘备一生的滑铁卢。经此一役，无论他个人还是蜀国都元气大伤，再也无力东出荆州，只能偏安于益州一隅，无缘争雄天下。这也是刘备感情用事无法完成"光复汉室"大业的原因之一。这样情态之下的君主，即使能成就一番事业，注定无法长久。

更为痛心的是，眼睁睁被曹魏篡汉，早年匡扶汉室的宏愿，已成泡影。

刘备因仁义聚势，也因仁义失势。

成也仁义，败也仁义。仁义没错，错在仁义失当。体现在谋略上，就是感情用事。

感情用事害死人。在生死存亡的关键时刻，仁义皇叔无论从谋略或家国大业上，都输给了他的"流氓"先祖——刘邦。

### 精要絮语

感情用事，乃政治家大忌。刘邦比刘备痞得多，刘备比刘邦仁得多，但作为政治家应有的韬略和智慧，刘备与刘邦相比，显然略逊一筹。

## ⊙ 刘彻的奇遇：一蛋定乾坤

未央宫，金殿之上，汉景帝端坐龙椅，窦太后前呼后拥，两侧的三公九卿重臣，一个个峨冠博带，面容严肃，空气仿佛凝固起来——太子大考，即将拉开帷幕。

景帝刘启想立宠妃王娡所生的儿子刘彻为太子，而窦太后哪怕有意立栗妃所生的二皇子河间王刘德，此时已心无余力。尽管刘德是诸皇子中最年长的一位（先太子刘荣已被赐死），并且仁德厚义，是众人口中的明君，但皇上才掌控着定盘星。

十皇子胶东王刘彻，六七岁，机灵、精怪、伶俐，在母亲王娡、姑母刘嫖以及表妹阿娇共同导演的"金屋藏娇"剧目中，已经深谙人性、直抵帝性。

在这样的刘彻面前，刘德淳厚得多，父皇给他起名德，就是要他"静以修身，俭以养德"。

入殿前，刘彻向刘德伸出胳膊说："河间王，抱。"

刘德弯腰，把刘彻抱了起来。刘彻双手环上刘德的头，凑近刘德的耳朵，小声说："河间王，你是大人。"

"嗯，是大人又怎样？"

"大人要让着小孩。"胶东王用诡异的口吻说。

他捏了捏胶东王的脸蛋，也用同样轻的声音说："二哥胜了你，也算不得英雄。"

刘彻说完了他想说的话，一下子滑出刘德的怀抱。

大殿之上，考题已经进行了两轮，二人二比二平，在最后定乾坤的时刻，两张做工精细的桌子摆在刘德和刘彻面前，考官变魔术似的拿出两个鸡蛋，考试题目：谁能先把鸡蛋稳稳地立在桌子上，谁就获胜。

鸡蛋两头尖，中间圆，要想立起来，恐怕不比上青天容易多少。

皇上的身子似乎也在前倾，盯着那枚决定命运的鸡蛋。

刘德尚在思考，刘彻眼珠一转，拿起鸡蛋，在桌上轻轻一磕，一个好蛋变成"坏蛋"。随即，人群中发出一阵低沉的惊呼声，显然，有人认为他弄破鸡蛋，理应"完蛋"。

然而，刘彻不费吹灰之力便把"坏蛋"立在了桌子上。

是的，考官只是让把鸡蛋立在桌子上，并没有说不可以打破鸡蛋啊。

站在现代人的角度来看，很显然，考官出了一道"脑筋急转弯"。

"好，不破不立！不破不立！"不知哪位大臣最先喊叫起来。

"胶东王聪慧过人。真是英雄出少年。"众人沉默了足足有两分钟之后，随即爆发出疯狂的掌声，而众人的掌声也意味着太子之争终于尘埃落定。

刘德跪下，冲父皇叩头："儿臣德认输。胶东王才智超群，恭喜父皇，贺喜父皇。"

所有大臣都跪在地上，齐声称颂："胶东王少年英雄，万岁之福，大汉之幸。"

皇帝朗声大笑："河间王难得回来一次，赐宴！"

帘帷背后朱裙一闪，一个人影离去。

朱裙何人？

正是刘彻身后那个正受宠并为立太子之事处心积虑的生母——王娡。

历史有时不得不接受天意的传奇。王娡在成为刘启皇妃前已经嫁人生女，此时尚为太子的刘启在全国选妃，王娡与妹妹被世人奉为远近闻名的美人，父亲王藏儿决心抓住这次太子选妃的机会，专门请来星象师给小女儿相面。

历史的一幕出现了——已为人妇为人母的王娡，恰在这时回到娘家，相师一见王娡，目瞪口呆，对王藏儿说："你这个大女儿才是真正的贵人，将来会生天子、做皇后。"这一家人对此深信不疑，在没"离婚"的情况下，参加了选妃，王娡的美貌倾国倾城，尽管已婚生育，却依然进入"决赛"，并最后脱颖而出，成为太子刘启的侍姬之一，封为王美人。

王美人在怀刘彻的时候，国师让她告诉刘启：梦见太阳投入她的怀中。刘启听后大悦："此贵征也。"

孩子还没降生时汉文帝就去世了，太子刘启即位，即汉景帝，公元前156年，王娡为景帝生下了十皇子刘彻。

而此时，景帝已有三位皇子，皆为栗姬所生。长子刘荣已立为太子，二子刘德为河间王，景帝却迟迟不肯立栗姬为皇后。这时，景帝的姐姐刘嫖滋长野心，想把女儿阿娇与刘荣联姻，屡次向皇帝弟弟进献美人，栗姬对长公主这一作法本就不满，也极反感刘嫖的这种势利贪婪，于是断然拒绝。

刘嫖号称馆陶公主，权倾一时，岂能受此冷落，立即跑到号称最"贤惠"的王娡那里告状，二人一拍即合，精明的王娡岂肯放过这个机会。五六岁的刘彻很快就传出了"金屋藏娇"，刘嫖心花怒放，与王娡密谋畅想自己的小女婿刘彻成为太子的美景，并想尽一切办法杜绝栗姬成为栗皇后。在刘嫖和王娡的共同作用下，太子刘荣被废，不久被害而亡。栗姬自此完全失宠，幽居冷宫，不久忧愤而死。

栗姬再美，无奈她情商所限，岂能抵过心机之人的算计。窦太后本人何尝不是如此呢？以代王刘恒的正妃和四个王子的死，才换来了她的成就，一个宫女权倾天下。哪个爬上宝座的人，不是手上沾满了鲜血，她从宫女到皇太后，哪件凄惨的事没见过呢？

于是，窦太后、王娡、栗姬、汉文帝、汉景帝……在文景之治的天空里，助产了汉武大帝——刘彻。

刘彻成为名君雄主汉武帝；刘德则贤德淳良，安于在河间国做一介书生。

无论如何，这就是"蛋"后人生。

### 精要絮语

人生后期，刘德在河间一隅一心爱书，驰名天下；贵为天子的刘彻对刘德忌惮戒备，继而加害。最后，曾经的皇位备选者、贤王刘德郁郁而终。千秋功罪，留与后人评说。

## ⦿ 李世民为390名死囚犯甘冒大险

在今天西安市西大街北侧，曾经辉煌地存在过一座历史遗迹——大理寺。

李世民继位第七年，国家发展生产，百姓休养生息，官员清廉勤政，公元630年，整个国家的死囚犯只有区区29人，但两年后却增加到390人。

公元632年冬，李世民巡视三省六部，刑部是第一站。当他来到大理寺，刑部尚书李道宗正在审理案件。李世民告诉大家："朕今天巡视三省六部，刑部是第一站，朕不打招呼，不听奏报，只相信自己的眼睛和耳朵。"

说完，提出要先视察死囚监牢。

李世民随李道宗走到一个青年囚犯面前，隔着铁窗问道："你叫什么名字？为什么被判死罪？"李道宗对青年囚犯说："皇上问话，你要如实作答，明白吗？"

青年囚犯听说是皇上，顿时紧张起来，战战兢兢地说："明白，小的尤二猛，因为打架，失手将对方打死，被判抵命。"

李世民一听，笑着说道："尤二猛？瞧你这名字，你前面还有一个哥哥叫尤大猛吗？"

"是，上面一个哥哥，下面一个妹妹。哥哥在武德年间跟随秦王讨伐窦建德，死在了河北一带。"

李世民一惊："噢，原来你哥哥还是朕的部下！你能打死人，说明你的身手不错，练过武功吗？"

"练过！"

"练得不够圆满，没把握住轻重。唉，太可惜了，这么年轻，要是像你哥哥一样，能为国杀敌走上战场就好了。"

尤二猛低下头，面露愧色："小的这辈子没机会了，如有来生，一定痛改前非，响应皇上号召，上阵杀敌。"

李世民一听，高兴地夸他"会说话"。

随后李世民走到一个中年囚犯面前，囚犯面对皇上，并紧张加上恐惧，他舌头打颤："我……我……"

李道宗在一边提点："如实回答，不许隐瞒！"

中年囚犯立即说："是！是！俺家媳妇人长得漂亮，屡被乡绅调戏，俺把乡绅暴揍一顿，谁成想出手过重，给打死了。"

李世民听完，边思边说："也是过失杀人，按照《唐律》，调戏妇女有罪，但不是死罪，你把人家打死了，所以就得抵命。"

中年囚犯沮丧地低下头说道："小的知道。"

李世民继续问："判你死罪，你冤枉吗？"

中年囚犯说："一命抵一命，俺死有余辜，够本了，不冤枉。"

李世民说："你媳妇还来看你吗？"

"看，看，每个月都来看俺一次。"

李世民转身问李道宗："死囚牢里共有多少这样的囚犯？"李道裕如实回答："390人。"

李世民听完，略作思忖，对李道宗说："都说朕是菩萨心肠，朕看他们也怪可怜的，今天是贞观七年十二月辛未日，你看这样行不行，朕与这些囚犯立个君子协定，朕把他们都放回去，让他们与家人再团聚一年，明年的这个时候再回来受刑，如何？"

李道宗听后，惊讶地说："这……如果有人趁机逃跑，或不按时回来怎么办？"

李世民说："这好办，按时回来的赐个完尸。逃跑被抓回来的，凌迟处死！"

"臣遵旨。"

囚犯们听到皇上与臣子的全部对话，半晌才醒，纷纷跪地谢恩并三呼万岁。

又是一年雪纷飞，到了李世民与囚犯们约定的返监日。

长安郊外的路上，囚犯尤二猛在媳妇和孩子的陪伴下快步向城内奔走。媳妇边走边说:"早到是死,晚到也是死,你走这么快,我们娘俩哪能跟上?"

尤二猛一手抱起孩子,一手牵住媳妇,脚步更加快了,说:"今天是我们这帮死囚犯人与皇上君子约定的最后一天,再不快走就来不及了。皇上已经让咱们多团聚了一年,咱要守信。"

孩子听到爹娘如此对话,用手捂住尤二猛的嘴,哭着说:"我不让爹死,不让爹死!"

尤二猛安抚孩子,尴尬地说:"好好好,爹爹不死!"说完,突然停住脚步,回头对媳妇说:"我看你还是带着孩子回去吧。我一个人去长安就行了。"

孩子紧紧抱住他的头,说:"不!不!我要跟爹爹一块儿去。"

媳妇说:"还是咱们全家一块儿去吧,要不谁给你收尸呢?问斩后总不能让你身首异处,流落他乡,让父母更伤心吧!"

尤二猛听完,紧紧地抱住媳妇,猛地抹一把脸,说:"咱们走吧!"

大理寺的死囚牢房已在眼前,死刑犯人在牢房门口逐一登记后,自行回到之前住过的监舍。狱卒不断吆喝:"叫什么名字?过来登记!登记完了,到那边去。"

刚刚赶到的尤二猛见此场景,潸然泪下,一家人紧紧地抱在一起,依依不舍。

突然,尤二猛一把推开媳妇和孩子,径直走向狱卒,做了登记,主动戴上刑具,打开牢门,走进监舍。尤二猛媳妇则紧抱孩子,一直目送丈夫在视野中消失。

黄昏时分,刑部尚书李道宗来到皇宫御书房求见:"启禀陛下,去年下诏令回家团聚的390名死囚犯人,在没有人督促的情况下,全部按照约定时间返回监狱,无一人逃亡,也没有出现其他意外情况,请陛下裁决。"

李世民听后说道:"太好了!这些死囚回来后怎么说?"

李道宗说:"有的说,皇上法外开恩,让他们回家团圆多活了一年,体会到了人间冷暖和法律的威严,死也值了;有的说,皇上的大恩大德这辈子报答不了,到了阴曹地府,就是做牛做马,也要继续报答……"

李世民一惊:"真是这么说的?"

"真是这么说的,臣不敢有半句隐瞒。"

李世民噌地站起来,说:"这些死囚若真能幡然悔悟,知恩图报的话,想死,朕还不让他们死了。李爱卿!"李道宗在一旁忙答:"臣在!"

"拟旨!朕要诏告天下,这批遵守君子约定,按时返回监狱的囚犯,不论罪行轻重,全部免去死罪,交给工部,改作劳役。两年后表现好的释放回家,表现差的再加罚一年。朕就是要以诚信立天下,让有诚信的人,哪怕是死囚犯人也要有意想不到的结果。"

李道宗答:"陛下圣明,微臣遵旨!"

第二天一早,大理寺的死囚牢房内,数名狱卒打开牢门,命令犯人走出牢房到门外集合。尤二猛哆嗦着问:"这就问斩吗?"狱卒头一歪:"想死不?"尤二猛说:"俺不想死,你能让俺活?"

狱卒转身对众囚犯大喊:"你们给爷听着,不想死的快点出去集合,不想活的,留在牢房别动。哼,皇上英明,你们赶上这等好事了!"

众犯一听,急忙来到门外广场。忽听有人惊呼:"感谢皇上,拜谢上苍让我等不死!"众囚犯齐呼万岁,发誓做牛做马报答皇恩。

站在一旁的尤二猛媳妇及其他死囚家属,听到消息,喜极而泣,纷纷跑上前与亲人拥抱团聚。

### 精要絮语

尽管此前李世民弑兄逼父,登基后却一心为民。正所谓人无信不立,业无信不兴,国无信必衰。史书记载了李世民这次"贞观纵囚",从此天下归心,夜不闭户,路不拾遗——迎来贞观之治。

## ◉ 武则天：从驯服烈马开始的女皇之路

公元 636 年，一代贤后——长孙皇后辞世，葬入昭陵。

她竟遇到一位千古痴夫，李世民连续三天不上朝，下令在禁内建造一座望陵台，每天站在其上，以泪洗面，望向昭陵。

入夜，没了长孙皇后，李世民心烦意乱，赶走一个个侍寝的宫女。他岂能料到，此时内侍引来的一名少女，竟深深影响了他日后的大唐江山。

这就是"年方十四，体态端庄，苗条妩媚"的武则天。

只见那娇小女子软语呢喃，缠绵依偎，令李世民耳目一新说道："长孙皇后离朕去后，朕很寂寞，好长时间没有像今天这样开心了。朕要给你赐个好听的名字。你人长得妩媚，就叫媚娘，如何？"

媚娘立即谢恩，皇上又说道："朕还要给你个名分，封你为五品才人……"

几天后，大将李靖回到长安，同来的还有吐蕃使臣。他们捎回一匹宝马"狮子骢"，使臣呈上一份吐蕃国王的战书，战书内容为：如若大唐有人能降服此马，愿年年进贡，岁岁来朝。如若无人降服，唐朝必须向吐蕃称臣纳贡。

李世民询问朝中大臣谁人能降服此马，却无人敢于应答。李世民大怒："堂堂大唐，难道没有一个人能降服烈马？"

他只好亲自察看并上马，只见此马果然生得异样，浑身上下一片青毛，闪闪发光；两只眼睛凸如铜铃，炯炯有神，仰天一声长嘶，震天动地，吓得场上群马摇头甩尾，浑身打颤。

李靖大喊："陛下小心，危险！"

果然，宝马一声长嘶，腾空而起，差点把皇上掀翻在地，驯马官连忙勒紧缰绳，李世民狠狠下马，传旨：第二天在演武场举行降马大会，谁能降服

"狮子骢"，立刻官升三级，赐银千两。

人马喧腾的演武场上，李世民带了文武百官和一众嫔妃。驯马师自恃驯过不少烈马，第一个上前。谁知还没等他翻身上马，那狮子骢一声长嘶，四蹄一撅，将他远远摔出，被摔得半天不起。

一位年轻武将，人称"弼马温"，专降烈马。刚跨上马背，那狮子骢又是纵身一跃，双蹄凌空，将武将重重甩出。

众人面露惊惧，踌躇不前，吐蕃使臣得意洋洋。李世民皱起眉头。

突然，身旁传出响亮的女声："陛下，让我来试试！"

说话的正是武媚娘。

李世民与众臣大吃一惊，李世民问道："你一个女子，能降这烈马？"

媚娘答："女子难道不能降马？不过要依我一个条件，给我三件东西。"

皇上一时不解问道："如能降服此马，不要说一个条件，十个条件也依你。哪三件？"

"一根铁鞭，一个铁锤，一把匕首。"

皇上更疑惑："你一个弱小女子，连马都不会骑，怎能拿这些铁器去降马呢？"

"我上去先用铁鞭把它狠狠地揍一顿。揍不服，再用铁锤敲它的脑袋。还不服的话，就用匕首割断它的喉管！"皇上听了哈哈大笑，称赞："好，有勇气，有胆略。"

不料，旁边一个白发老太监劝说道："启禀万岁，圣人主张仁政。孟夫子看见杀牛，都背转身去不忍心看。她一个女人，不学点圣人仁爱之心，反而用匕首去降马，这未免太残忍了吧！"

媚娘厉声反驳："孟老夫子看见杀牛背转身，吃起牛肉来却香得很，可见都是骗人的。马嘛，本来就是让人骑的，它不服骑，还伤人，我为何不能杀了它？"

说毕，腰插铁锤、匕首，手提铁鞭，跃步来到马前。狮子骢见是个小女子，根本不放在眼里。媚娘举起铁鞭，狠抽一顿，狮子骢阵阵哀嘶，乖乖低下头。接着，她一个箭步紧紧抓住狮子骢颈毛，飞身跃上马背，举起铁锤在马尾处就是三锤。那狮子骢呼呼呼地在演武场跑了三圈，缓步来到皇上面前。整个过程仿佛眨眼之间，皇上和百官张口结舌，暗暗称奇。吐蕃使臣更是吓得跪地，连连叩头认罪。

从驯服烈马开始，武媚娘从才人到昭仪，再到皇后、皇太后，一直到一代女皇。她82岁的人生历程，对于权力的追求一刻也不曾止息。

此后李世民连续多日临幸媚娘。媚娘则指使侍女多方了解皇上的嗜好，当她得知皇上哪天临幸了哪个嫔妃，果断取出一大包金子，让侍女送给了马公公。

作为才人，媚娘陪侍皇上12年，渐渐迎来皇上的暮年。除了侍寝，还负责伺候笔墨或草拟圣旨，抄写文件。正是这个过程让媚娘潜移默化学到了治国理政的方法和笼络人心的手段，甚至精于众皇子，为日后问鼎帝位夯实了基础。

这一日，李世民与媚娘正在沐浴。媚娘一边为他搓背，一边娇声说："最近，朝中发生了不少大事、难事，陛下猛然间长出这么多白头发，一根两根……臣妾给您揪了吧。"

皇上叹息道："魏徵辞世，朕好似失去了左膀右臂；驸马叔玉守孝，小女儿衡山公主的婚事眼下无法进行；太子承乾不争气……"

媚娘脱口而出："不争气就废了他！"

皇上惊讶地望向她。

媚娘诚惶诚恐，情知多嘴："媚娘该死！媚娘不该插嘴朝政大事。"

皇上继续自言自语："太子废立，震动朝纲。承乾若废，立魏王还是立晋王，都是朕的亲生儿子，朕难下决断啊！"

媚娘快嘴跟上："魏王聪慧但骄横，晋王仁厚但软弱。若太子不废，将来魏王性命难保；若立魏王，魏王一定容不下他的两个兄弟；若立晋王，太子和魏王绝无性命之忧……"

皇上听罢，再以惊异的目光盯着媚娘，直盯得她心虚地低下了头。媚娘意识到自己话多有失，引起太宗不悦和心疑，马上跪地，请求原谅。

很快，李世民因病弱缠身服用印度僧人的长生不老药，太子李承乾与魏王李泰争夺储位不断升级，而作为才人的武媚娘与声望日隆又被舅舅长孙无忌竭力举荐的三皇子李治，则经常需要侍奉在李世民身边。

李治见到媚娘，一眼出尘，很快深陷，但碍于身份，二人只能暗度陈仓。李治经常在晚间悄悄潜入媚娘寝宫，每次媚娘都娇媚相迎，侍女多嘴："皇上近来特宠魏王殿下，将来的李唐天下，不是太子的，就是魏王的，别的娘娘们都争着往魏王那儿跑，你却款待晋王为哪般？"

媚娘诡秘一笑："你懂什么，鹬蚌相争，渔翁得利。最后鹿死谁手还不一定呢！"

媚娘所言不差。世人眼中的李治，幼而聪慧，端庄安详，宽厚仁慈，和睦兄弟，一直是那个"人畜无害"的老幺，不但对皇位没有一点威胁，太子李承乾和魏王李泰都没把他放在心上。其实，历朝历代哪个皇子对于皇位没有丝毫追求呢？李治的城府只能说明他隐而不发，每日只是陪伴在父皇左右等待时机。

公元643年，李承乾与李泰的夺嫡之战进入白热化，李承乾悍然发动兵变，不过，在他老子面前未免太嫩，还未动手就被识破，最终流放黔州贬为庶人。

历史的轨迹果如媚娘所言，在长孙无忌主持下，皇上诏立李治为皇太子。从此每次上朝，都让李治跟在身边，让他观看自己处理各种政务，有时候让他参加议事，多次称赞他的才能。

随着皇上驾崩，武媚娘与其他不曾生育的妃嫔一起，被送去感业寺出家为尼。

事情似成定局。不过，那是常人。

如果不是在太宗周年忌日的时候，高宗李治必须循例前往感业寺行香，如果诡谲的命运没有再度安排他和她邂逅，那么日理万机的年轻天子也许会把那个风情万种的才人武媚彻底遗忘。

公元650年5月26日，李世民的周年忌日。李治在宫中举办了盛大的祭奠仪式，随后带众人来到感业寺祈福。人群后面的一个女尼用力拨开众人，径直走到了天子面前。

四目相对的一刻，天子李治就像被雷电击中。仪式完毕后李治来到武媚娘的寝室，执手相看泪眼，无语凝噎。

曾经的情郎，已是太极宫的主宰，身边能缺女人吗？然而机会留给了有准备的人，一首《如意娘》，让如今的天子如醉如痴：

> 看朱成碧思纷纷，
>
> 憔悴支离为忆君。
>
> 不信比来长下泪，
>
> 开箱验取石榴裙。

至此，我们宁愿相信，作为女人的武媚娘，一定经历了"看朱成碧"的迷乱，此时，她为爱而生。

媚娘是幸运的。大唐皇帝似乎都很专情，李治不仅完美继承了父亲的刚毅、果决，更继承了父亲的专一，皇帝中罕见的"情种"，多年独宠武媚娘，这个男人对爱情的执着和忠诚超乎了他的帝王身份，比之李世民独宠长孙皇后有过之而无不及。

当媚娘再度回宫，被封为昭仪，从对王皇后卑躬屈膝，到干掉萧淑妃，再到使李治废王立武，改换皇后，仿佛一场梦。

媚娘就有这手段让李治对她无比信任。只是对于媚娘而言，区区皇后只是第一步，早在李治患病期间已乘机插手政事，同时排兵布阵，扫清障碍，组织力量，培植私人势力。为了夺权，不惜与亲生儿子兵戎相见。甚至《资治通鉴》披露了武媚娘杀女真相：为了上位不择手段，亲手杀死亲生女儿——襁褓中的定安公主，再嫁祸王皇后。

果如所料，当李治看到被掐死的女儿，遂动了废王立武之心，并且他还真做到了。

后世有人怀疑武则天杀女的真实性，其实，看她后面为了皇位逼杀儿子的残狠，还有什么可怀疑的！

哪怕身染重疾，李治依旧偏袒武媚娘，遗诏中除了传位太子，居然还分割部分权利给她，正是这份遗诏让武媚娘向龙椅迈了一大步。

随着太子李弘的离世，武媚娘愈发痴迷于皇位，当二儿子李贤顺理成章地成为帝国储君，展现出超高的政治天赋，赢得百官称赞。然而，他怎能想到自己会成为母亲追求皇位的障碍！

母子顿生嫌隙，互生厌恶，当李贤被陷入谋反案，武皇后直接铁血处理，将太子废成庶民。太子之位落入三子李显身上，此时的李显目睹了眼前的一切，深感这个太子之位如同烫手山芋。毕竟大哥李弘的神秘离世，二哥李贤被废，已是他的前车之鉴。

李显的乖巧和示弱，为自己多赢得了一些时日，直到李治驾崩于东都洛阳，李显继位。如此小心翼翼，凡事与母后商议，却在三个月后仍被废为庐陵王，而后李显的弟弟李旦被母亲推上前台，做起了傀儡皇帝。

武则天曾对上官婉儿说过一句话："哪一次改朝换代不是杀子屠兄，血流成河！"

此时的武皇后，先后废立四个儿子，其实已经实控整个李唐王朝，终于在公元690年废了李旦自称"圣神皇帝"。这一年，她66岁。

历经半个多世纪的沧桑沉浮，踏着无数的鲜血和白骨，武媚娘终于成为则天大帝。

### 精要絮语

回望李世民身边那个娇滴滴的14岁少女，那个众目睽睽之下挥舞铁鞭驯服烈马的武才人，终于达成了前无古人后无来者的历史标高——中国封建社会唯一的正统女皇。

## ⊙ 快意棋盘的唐肃宗李亨

封建宫廷的少数男人，往往含皇冠而生，当他们还在子宫里的时候，似乎就已走在前往皇位的路上。

只是这皇权之路，刀光剑影，鲜血淋漓。

比如李亨，作为帝王，李亨太"难"了。

李亨的出生年代，赶上了整个中国封建王朝历史上最动荡的时代之一，连他的出生也极具传奇色彩。当他在娘肚里的时候，正面临李隆基与太平公主的政治斗法，差点被堕胎药了结。父亲李隆基心软，李亨才捡回一条小命。

在李亨之前，皇上已立太子李瑛，李亨泯然于众兄弟之间，无争无求，人畜无害，相对平静地长在皇宫。在封建社会里，从太子到皇帝，看似只剩下最后一公里，但就是这短短的路途中许多人因此毙命，死在太子位上的皇子不计其数。

果然，由于李隆基的超长在位时间，加上身边又遍布奸臣，李亨的太子生涯过得战战兢兢。

开元十三年（725年），李隆基在泰山举行了封禅大典。回来后，他在安国寺附近修建了一处宅院，把那些已经长大成人的皇子安置在十王宅中，诸王分院而居，李亨以忠王身份居于十王宅中，当时只有15岁。

公元737年，太子李瑛离奇被废。李亨成为历史上"鹬蚌相争"之后的那个"渔翁"。从被推上政治舞台的那一刻起，李亨就被显而易见的政治威胁所包围。

威胁首先来自奸相李林甫，李林甫挖空心思想把李亨从太子位上拉下来，李林甫之后的宰相杨国忠又是十足小人，不仅参与过李林甫对李亨的陷害，而且上位后更是变本加厉。雪上加霜的是，这时安史之乱开始了。

李隆基逃出长安，途径马嵬坡时被迫杀死杨贵妃兄妹，安定众将士之后，准备前往扶风，留下李亨为战乱买单。

这时的李亨被多次追杀，经历了难以想象的权谋密斗和血雨腥风，太子当得极其窝囊，两次大案，两次婚变，如临深渊，多次命悬一线，哪有一丁点作为太子的荣光，尚未到中年，已早生华发，仿佛人到暮年。

此时的李亨已45岁，战乱之际，众人拦住他的马，让他无法前进，纷纷劝他留下："如果殿下与皇上都到蜀地去了，中原百姓以谁为主呢？我们愿意带领部下跟随殿下向东讨伐叛军，夺取长安。"

李亨派人去报告父皇，而李隆基也正在等待李亨的消息，当听说李亨的情形后，李隆基说："这是天意啊！"他通告将士："太子仁义孝顺，可以继承大唐帝业，你们要好好辅佐他。"

从此李隆基和李亨父子分道扬镳。李隆基一路艰险到达成都。李亨在抵达宁夏灵武之后，经过一番布置与筹划，举行了简单的登基仪式，改年号为至德，并派使者前往四川，向父皇报告这一消息。

这是唐朝历史上唯一一个在长安之外即位的皇帝，李隆基与李亨在蜀地与灵武相望，也开始了唐朝的"二元政局"。

多年来险象环生的太子生涯从此画上句号，登基后的李亨终于可以一展愁容，稍作喘息。

然而，战乱时期的皇帝也不轻松，从灵武登基到去世的六年中，李亨的日子过得艰险丛生。李隆基不但要让李亨收复两京后，才承认其皇位，还封其他儿子为都督分领兵权，又派房琯等人去辅佐李亨，名为辅佐实为监控。可谓步步惊心，事事掣肘，即便是李隆基重回长安之初，二人还被百姓并称为二圣。万般小心，也还是堵不住天下悠悠之口，落得个"叛父""不孝"的骂名。

皇位不顺，战乱仍频，世事维艰之际，李亨为自己找到一个生命出口——象棋。

唐朝作为中国封建王朝中一个极为强盛的时代，这一时期的政治、经济与文化都得到高度发展，棋类活动也逐渐流行起来，李亨独爱象棋。

李亨的老师贺知章，不但教给李亨人生经验，还传给他精湛的棋艺，甚至到了玩物丧志的程度。偏偏父皇给他续娶的张皇后也是象棋迷，两人没日没夜地下棋，更像是精神伴侣。

李亨下棋不喜欢别人让他，张皇后下棋也是步步为营从不故意谦让，下到激动时便用力大些，金桐做的棋子在棋盘上碰得啪啪作响。

在战乱频发的逃亡路上，为了减小下棋时发出的声音，李亨把金桐做的象棋换成干树枝雕成的软木象棋，为了方便携带，棋子和棋盘的尺寸也做了缩小改进，后人称为"宝应象棋"。

虽然李亨对陪侍棋手讲过不要让招，但大家权衡利弊之后，都不约而同地选择让棋。

在一个除了自己全是演员的圈子里，李亨享受着"无敌的寂寞"，极不过瘾，在张皇后的建议下，全国范围内举办了第一届"棋王争霸赛"，奖品是：官居一品大员，赏赐黄金万两。最终莒州的刘韬脱颖而出。

刘韬进宫之前也曾被人指点：不要轻易赢皇帝，但一看皇帝如此重视规则，便放开手，李亨难以招架，但是他不想认输，就假装研究路数，大脑飞速思索着如何打破这尴尬局面,脸色也是十分难看。

刘韬见皇帝这般颜色,才想起让棋,略一思索,便把"将"挪到了正对着李亨"车"的地方。李亨立马领悟,干掉了刘韬的"将",完美"胜利"。

张皇后也恭喜李亨英勇神武,棋艺非凡,赢下了天下第一的"棋状元"。比赛在李亨的大笑中结束,同时他封赏了刘韬。

只是这样欢畅快意的对弈稍显短暂,在父皇离世五个月后,李亨驾崩。

### 精要絮语

人生如棋,李亨何尝不是。作为帝王,李亨太难;但作为棋痴,李亨享受了一段难得的幸福,已属难得。

## ◉ 杯酒释兵权的严重后遗症

> 卧榻而今又属谁,
> 江南回首见旌旗。
> 路人遥指降王道,
> 好似周家七岁儿。
>
> ——元·刘因《书事》

显德六年(959年),梁王柴荣去世,7岁小皇帝柴宗训即位。

作为柴荣的敌人,这个死讯让辽国的耶律述律、北汉的刘承钧、后蜀的孟昶、"江南国主"李璟,都长长地松出一口气。但柴荣怎能料到,同样欣喜的,还有他的一位部将——宋州节度使赵匡胤。

公元960年,新年伊始,后周君臣正在朝贺,突报北方联兵入侵,大臣慌作一团。小皇帝征得大臣同意,命令殿前都点检赵匡胤率军迎敌。

哪知,这正是赵匡胤的圈套。

陈桥驿的营帐里,正上演着改朝换代的大幕:酩酊大醉之际,赵匡胤被众将领"黄袍加身",符太后只好领着刚刚7岁的小皇帝仓皇辞位。

这一年,赵匡胤33岁。

赵匡胤肯定不曾预料,历史竟残酷重演:300多年后,赵氏王朝的寡妇孤儿——谢太后和恰好也是7岁的宋恭帝赵㬎,不得不逊位于元世祖忽必烈,亦步亦趋地重复了前朝亡国败降的命运。

在某些古典小说和传记中,当写到一个伟大人物诞生的时候,往往有一种模式,不是天上地下屡出祥瑞,就是父母(多半是母亲)梦境奇异。在赵匡胤出生的河南省洛阳市夹马营村,他的出生就被蒙上一层神秘的面纱:红色的祥瑞之光照耀在他出生的房间,奇异的香味弥漫一个月,而他的身体上更是金光闪闪,三天不褪,成为那个闻名遐迩的"香孩儿"。

五代十国中期,威赫数百年的大唐帝国已经在世界上消失了20多年。接踵而来的是长久不息的动乱割据,赵匡胤在夹马营的老家过着"麻屦布裳"的生活。

河南开封城外二公里的陈桥驿,令人想到最多的还是那个"一条棍棒等身齐,打四百座军州都姓赵"的后周军人。这是那一时期男孩子唯一改变命运的机会,成年的赵匡胤成为后汉大将郭威麾下一员。赵匡胤耳濡目染,学到许多政治军事谋略,就连夺取政权的方法也被他借来进行了一次成功的实践。

赵匡胤在周世宗柴荣手下更是一路擢升,从禁军小头目成为殿前都点检,统领精锐禁军,担负着防守京师汴梁的重任。队伍里人才济济,他不失时机地培植亲信势力,暗地里同其他禁军将领石守信等结拜为"十兄弟"。

他的品行操守,在他称帝前流行的"千里送京娘"的故事中已有佐证:青年公子赵匡胤手提浑铁齐眉棒,从河北邯郸的京娘湖开始,骑行千里送京娘回山西老家,妙龄男女朝夕相处却丝毫无犯,表现出赵匡胤的高度自律和远大胸襟,充分说明他的帝王之路并非偶然。

黄袍虽已"加身",而且也较好地控制了政局,可是在赵匡胤登基的第一年,还是发生了两次兵变:4月14日,后周开国功臣李筠起兵,首先反宋,攻占泽州,又与北汉通好;9月26日,后周太祖的外甥李重进于扬州起兵。两次兵变,赵匡胤亲手平定叛乱,叛军及其党羽、家人都被诛杀。

两次兵变,让赵匡胤寝食难安,兵权隐患让他忧心忡忡,愁眉紧锁。

公元961年的一天，赵匡胤向谋臣赵普提出两个问题：唐末以来，数十年间，为什么走马灯似的更换了八姓十三个君主，争战无休无止？有什么办法能够从此息天下之兵，建长久之业？

此为宋太祖积怀已久的真实心迹。他无时无刻不在思虑如何避免宋王朝成为第六个短命王朝，从而永保赵氏家族万世一系。

赵普答："问题的核心在于藩镇太重，君弱臣强。"

"有何根治的办法？"

"只有夺他们的权，收他们的兵，控制他们的钱谷，天下自然安定。"

君臣一拍即合。

公元961年7月，东京汴梁，35岁的赵匡胤散朝后，单独留下石守信、高怀德等禁军将领，相约酒聚。

一场酒局，不仅仅是酒。正如鸿门宴，最关键的不是宴，而是宴席背后的刀光剑影、明枪暗箭。

酒酣耳热之际，赵匡胤皱起眉头，屏退左右侍从，十分亲热地说："如果没有众卿的拥戴，我是不会有今天的。然而众卿又怎能知道，做皇帝也实在太难了，远远赶不上做个节度使那样舒服，一天到晚都不能安枕而卧啊！"

一席话语把众将领搞得一头雾水，不知所云，连忙叩头："陛下何出此言，现在天命已定，谁还敢有异心呢？"

"你们虽然无异心，如果你们的部下想要富贵，一旦把黄袍加在你们身上，你即使不想当皇帝，到时也身不由己了。"

至此，将领们深知已受猜疑，纷纷泣谢叩头，请求太祖指出一条"可生之途"。赵匡胤就势开导："人生一世，犹如白驹过隙，所以那些期望富贵的人都想广积货财，多享快乐，使子孙免受困乏，常保康宁。你们这一辈子也够辛苦了，不如交出兵权，去地方任职，多买些良田美宅、歌姬舞女，日夜欢宴，以乐天年。我还要同众卿结为姻亲，君臣之间永无猜疑，上下相安，不是很美好吗？"

石守信等人心领神会，次日即称病，主动要求解除军职。皇上欣然同意。为了兑现酒席承诺，安抚这些失去兵权的禁军统帅，他也真的将一妹二女与将领结了姻亲。

这就是历史上有名的"杯酒释兵权"。

至此，禁军军权全部收归中央，皇上寝食稍安。但接下来还要解决节度使权力过大的问题。

公元977年，太宗下令所有节度使属下的支郡都直属中央，节度使的权限只是管理一州一府，同时朝廷以朝臣出任知州、知府。再以后，节度使一般不赴本州府管理政事，而只变成一种荣誉性的虚衔。

在赵匡胤的制度设计下，唐末以来节度使干政问题被彻底解决。自安史之乱以来的藩镇割据，到宋朝终止。

当然，杯酒释兵权的负面影响是赵匡胤始料未及的。

宋朝是历史上外患最严重的王朝，长期与辽、西夏、金，以及后来的蒙古对峙。如此外患强烈的背景下，削夺大将兵权成为双刃剑，一方面削弱了部队的作战能力，另一方面重文抑武，文官擅权，武将黯然，兵不知将，将不知兵，尽管宋军有先进的火器和出色的基层军官，但文官僭越使宋军屡吃败仗，"冗官""冗兵""冗费"与日俱增，使宋朝陷于积贫积弱的局势，最终两次亡于游牧民族之手。

前人何希齐有诗云："陈桥崖海须臾事，天淡云闲今古同。"

后人北客也写过一首《宋太祖》：

> 忆昔陈桥兵变时，
> 欺他寡妇与孤儿。
> 谁知三百余年后，
> 寡妇孤儿又被欺。

两首诗，内容不谋而合。

### 精要絮语

从黄袍加身创建赵宋王朝，到大臣陆秀夫背着八岁幼帝赵昺在蒙元铁骑的追逼下崖州沉海，300多年宛如转瞬。历史总是惊人的相似，留给后人绵绵不绝的沉思。

## ⦿ 纳土归宋：伟大的历史放弃

杭州，风光旖旎的西湖南岸，有一处红墙高瓦所在——钱王祠。吴越国首王钱镠塑像昂首挺立。

移步展厅，众多游客纷纷围观一个醒目的标牌——纳土归宋。

当年，享年81岁的钱镠临终留下遗言："凡中国之君，虽易异姓，宜善事之。要度德量力，而识时务，如遇真君主，宜速归附，免动干戈。"

公元960年正月，赵匡胤代周立国，定国号宋，"越宋"关系在"越周"关系基础上延续下来，并进一步得到强化，吴越国的"自主权"越来越小。

公元974年8月，赵匡胤下诏攻南唐，再次要求吴越国配合夹击，"授王（钱弘俶）东南面招讨制置使"。于是吴越王钱弘俶亲自率5万吴越国军队出征。一年后，南唐灭亡，后主李煜被俘。

公元976年正月，钱弘俶第一次去汴京见赵匡胤，回杭之前，赵匡胤特意送了一份黄绫包袱，并嘱咐回程途中再打开。那里面是宋朝大臣要求宋太祖扣留或杀掉钱弘俶的奏折。

公元978年，大宋皇帝已变为太宗赵光义，他从北、西、南三面包围吴越国，五月初一，汴京崇元殿里，一场关于纳土的仪式正在进行，吴越国王钱弘俶上表称臣，"以所部州十三，军一，县八十六，户五十五万七百，兵一十一万五千，暨民籍、仓库尽献之"。

此时"民知易姓而不知易国"，富饶美丽的江南河山，成功地躲过一次血雨腥风的杀戮与践踏。

这是钱弘俶在位的第30年，宋王朝建立也已经过去了18年。

"纳土"，对两浙地区来说意义更为重大。吴越国主政时期，杭州从隋代的15380户，到了盛时已达"十万人家"，这与远离战争是分不开的。就在钱弘俶入朝的第二年，宋太宗北征太原，伤亡惨重，他因此更深切体会到了钱弘俶"纳土"："卿能保全一方以归于我，不致血刃，深可嘉也。"

对于刚刚建立的宋王朝、两浙百姓以及钱家而言，纳土确属多赢——既使吴越百姓免除了战争的灾难，也使新兴的宋王朝避免了巨大的损失。

从此，宋太宗赐钱弘俶誓书，大赦吴越罪犯，并对钱氏族人给予优待，赦免钱氏子孙中所有罪犯，钱氏男丁"无官者可以荫资，有官者重跻极品"，并且宣布："今给此书，永为照据，与国同休。"

由北宋编写的《百家姓》中，第一句就是"赵钱孙李"，赵氏为帝，排在第一，而第二姓就是"钱"，后世钱氏也从此繁荣，生生不息。仅两宋时期，钱氏就出了320位进士。到了近现代，更是人才济济，钱氏宗族仍枝繁叶茂，兴旺发达，清代著名学者钱大昕，当代科学家钱学森、钱三强、钱伟长，历史学家钱穆等，都是吴越钱氏后人。

不能确定的是倘若赵匡胤在位，钱弘俶会是什么结局。对于宋太宗来说，即使如此"放弃"，仍没放过钱弘俶。《宋史》记载，瑞拱元年（988年），"会朝廷遣使赐生辰器币，与使者宴饮至幕，有大流星堕正寝前，光烛一庭，是夕暴卒，年六十"。

这一年，正是钱弘俶降宋的第十年，这样的"暴毙"令人想起南唐后主李煜的命运，钱弘俶之死其实就是宋太宗的故技重施，宋太宗用药毒死了他。后人不禁感慨万千：悠悠千古，钱弘俶用个人生命为代价，成就一次历史放弃，践行了祖先的遗言，即"善事中国""保境安民"，保一方百姓平安，最终仍没被善待。

钱弘俶谨记祖宗教诲，没有自大称帝，一直尊奉中原为正朔。千载之后，钱弘俶在崇元殿上表纳土的身影，依然清晰……

### 精要絮语

钱弘俶不愿意看到吴越百姓为了自己的王位与赵匡胤拼死一战，宁可将个人荣辱与生死置之度外也要保全百姓，这种超越人性的大义凛然，才保障了吴越地区生生不息。

## ⊙ 出家，是顺治帝执爱的归宿吗？

顺治帝的一生，横看竖看，都是一个大大的谜团：出生、出家、爱情、死亡……

清朝统治不到三百年，最吸睛的莫过于顺治帝出家。

这是一位短命的幸运皇帝。说他短命，因为生命不到24岁；说他幸运，因为在他短短24年的人生中，皇位，爱情，亲情甚至身后事，仿佛都有天命安排，事事总是机缘巧合地自动来到他身边。如他六岁登基，由叔父睿亲王多尔衮摄政。1650年，多尔衮出塞射猎，死于滦河，皇权毫不费力地回到了他的手中。

顺治的出家，至今都存在正反两方的不同看法，正方——没出家，反方——已出家。顺治决定出家之前，他的人生已经发生了三件影响深远的事件：少年继位，接触佛教，董妃已死。

这三件事也是成年顺治的心路历程。童年丧父，自幼便缺少关爱，即使继位为帝，也长期在多尔衮的压制之下。多尔衮死后，朝廷的重担却又压在了年仅12岁的顺治身上。12岁的男孩治理一个国家，即使在今天，也会成一个新闻，他的心智健全吗？他的知识储备够用吗？他的政治谋略成熟吗？

但这一切最后归结为两个字——命运。这样的经历使得12岁男孩的身心受到的摧残，或许早期被压在心底一角，只有遇到某个契机才会被放大出来。而这个契机就是爱情的破灭。

作为帝王，顺治与先后所娶的两任皇后都形同陌路，偏偏此帝又委实多情。于是顺治果断地废掉皇后。废一个还不够，要废两个才遇到真爱。这时，董鄂妃出现了。

董鄂妃本是顺治弟弟博果尔的妻子，因经常进宫陪侍孝庄太后，与前来陪伴母亲的顺治金风玉露一相逢，电光石火间爱情降临。顺治不惜逼死弟弟而把董妃娶进宫中。

顺治的爱情告诉世人，必须承认这世间有真爱存在。董鄂妃成为顺治的生命，是他活在世上的唯一理由。不过，或许正因如此，上天只眷顾了他们四年，董鄂妃为顺治生下的皇子不到一百天夭折了。两年后董鄂妃也随子而去。

按照常理，爱妃死别，哪个皇帝没经历过？贵为天子的顺治，还缺爱妃吗？别的皇帝至多洒几滴泪，可能更心疼的是她留下的那些年幼的皇子公主们，不说转身即忘，甚至暗幸于妃子的让位，因为身边想要填空的妃嫔们早已虎视眈眈。

然而对于顺治，董鄂妃的死，无异于天崩地陷。顺治帝的心顿时死去，活着的只是一具行尸走肉，没有灵魂的一具空壳。

痛失至爱的男子削发出家，不算稀奇。但作为皇帝，顺治对董妃的这份爱情呈变态状，让后人不解，哪怕在今天也显得另类。

痛到极致，又要活下去，出家，便显得合理了许多。

其实，佛缘也早先于董鄂妃来到顺治身边。顺治帝热衷于佛教，在他亲政后的第二年，一个巧合的机缘认识了禅宗高僧别山法师。二人相谈甚欢，顺治帝龙颜大悦，回宫后甚至在西苑椒园开辟出了万善殿供别山法师研佛。别山法师经常来宫中与顺治探讨佛法，一起来的还有憨璞聪、木陈忞、行森等高僧。

有这样的佛缘铺垫，万念俱灰的顺治想要剃度，这可给朝廷出了个空前绝后的大难题。

大清刚入关就出现光头天子，注定触怒天地，第一个被惊动的自然是孝庄太后，苦劝无果后只好请来高僧——玉林通琇禅师。

玉林禅师给顺治一个建议："如果以尘世之法论的话，皇上应该永远坐在皇位上，上可以安定佛祖的心，下可以使得民众安居乐业；如果以出世之法论，皇上也应该永久做君主帝王，对外可以保护操持佛法的人，对内住一切大权菩萨智所住处。"

顺治听从了玉林通琇禅师的建议，暂时罢了出家的念头。

《清世祖实录》《清史稿》等史料对于顺治帝的死，都是简短的11个字：

"丁巳，夜子刻，上崩于养心殿。"当时京城正闹天花，顺治不幸感染，不治身亡。

可是，坚持认为顺治已经出家的反方观点和影响力一点也不亚于正方。因为一个皇帝，正常死亡多么无趣，需要制造热点才是民间和后世的兴趣所在。显然，在死于天花和出家为僧这两点上，后者更吸睛。

后人持"已出家"观点最有代表性的就是作家二月河。

在二月河看来，野史的可信度高于正史，他的理由是正史具有极强的维护当权统治者的倾向性，也就有了极强的掩饰或涂改功能，即"维清意识"。于是他在其作品《康熙大帝》中采用的是野史，也让自己相信野史。《康熙大帝》属于文学作品，如何虚构都具有合理性，何况他还有野史支撑，于是他给出顺治帝并没有驾崩而是剃发为僧的结论。

由此看来，正反两方的分歧只在剃度环节。正方承认剃度是事实，却被孝庄太后拦阻，出家未遂，后患天花驾崩；反方则让剃度拐弯，天花只是宫廷的弥天大谎，顺治终于消失在朝廷，离开凡尘，去了佛堂。

野史还列出江南的三个寺庙：江苏宜兴东佘山的崇恩寺、浙江临安西天目山的禅源寺和淮安的慈云禅寺，以此猜测出顺治出家后的修行轨迹。更神奇的是，有人看见五台山一所寺庙供奉的一座蜡像，面貌神态均与顺治相似，传说康熙多次前往五台山寻父。

其实，后世纠结顺治是否出家已无任何意义，正史清楚地写着死于天花，千真万确。但野史和民间不予承认，乐此不疲地炒作出家，并且把正史说成被篡改，各执己见，莫衷一是。但有一点至少是统一的，那就是顺治有了出家的冲动，并付诸实施。

### 精要絮语

一个帝王的出家动机，才值得后人关注。

顺治的一生，当皇帝，遇到真爱，与佛结缘，执意出家，看似偶然，实则必然，最终，他为自己的任性与叛逆买了单。

## 第二章
## 红颜的浅吟：
## 时而香艳，时而刀剑

当中国历史的卷轴徐徐铺展，后宫是那浓酽、清丽又血腥、苍凉的一抹。

## ⊙ 西施故里的冠亚军

有一年我在杭州过春节，期间到诸暨旅游。西施故里游人如织，但令人惊奇的是，我徜徉在苎萝村的亭台楼阁，竟发现诸暨其实还有另一个与西施齐"美"的美女——郑旦。

细品之下，诸暨人眼中的郑旦，其美貌一点也不输西施，甚至还有超越之势。

西施的"出场"还得于郑旦的举荐。假如不是郑旦，西施一直养在深闺无人知，后世蜂拥而至瞻怀的，就不是"西施殿""苎萝村"，而应是"郑旦亭""鸬鹚湾"。

可是，芸芸众生中又有几人知道郑旦呢？

西施的名垂千古与吴越两国征战有关。

在诸暨，西施和郑旦都被冠以具有爱国情怀的刚烈女子，不知彼时的男子情何以堪，竟沦落到让女人组团去"以身报国"——春秋末年吴越争霸中，越王勾践广罗美女迷惑吴王夫差，郑旦和西施就是勾践选中的美女。鸬鹚湾村的美女郑旦，早就闻知苎萝村的西施美貌无敌，她一直想和西施结识成为好朋友。然而西施见到郑旦时，顿感自卑。郑旦为了鼓励她，逢人便夸奖西施如何貌美。

西施说自己脚大，郑旦就帮她做长裙；西施说自己脸小，郑旦就让她照湖面，说水里的鱼看到她的美就逃走了；西施说自己的眼睛不如郑旦大，郑旦就拉西施去照井水，说两个人的眼睛在水中看上去就像四条鱼，鱼不是身体长就好看，正如眼睛不是大就算美……西施终于克服了自卑，在成为郑旦闺蜜的同时，与郑旦一起被进献给夫差。

夫差一见两位花容月貌的绝色美女，顿时心花怒放。

西施和郑旦虽然都是美貌绝伦，所受的培养和训练以及生活环境相同，并且众人普遍认为郑旦要比西施更美丽,然而在夫差眼里,郑旦的美像阳光洒下来,西施则呈现出了纤弱娇柔的特质。

夫差收迄西施、郑旦,耳鬓厮磨中,"双姝"就有了差异,一样美丽,气质有异,西施的柔弱美在夫差眼里更胜一筹,并渐在二人中"胜出",郑旦被夫差冷落……

不过郑旦虽受冷落,却没忘自己肩负的使命。她与西施一起成功地使吴王身边的其他女子先后失宠。

后来夫差对西施的宠爱让郑旦感到越来越不适。自己与西施并无二致,为何却得不到更多的宠爱呢?从此,郑旦经常向吴王诋毁西施,希望吴王对她失去兴趣。

让郑旦意外的是,吴王对西施反而更加宠爱,对郑旦则冷漠无情。加之郑旦的傲慢自负,无法忍受被忽视的事实,最终陷入抑郁,并以此结束了自己的生命。

郑旦死后,夫差独宠西施,为了讨取西施的欢心,他不惜任何代价去满足她的任何要求。夫差命人把姑苏城外的姑苏台加以扩建,修筑了一座"馆娃宫",大兴土木,建造"春宵宫",整日携西施游玩行乐,不理朝政,沉溺于声色犬马不能自拔。

同时,西施还暗暗鼓动夫差四处征战以消耗国力,使国内空虚。夫差又被文种施计,杀掉忠臣伍子胥。

十年过去,卧薪尝胆,一心重振雄风的越王勾践见复仇机会已到,动员全国精锐兵马,突然袭击吴国,姑苏城陷落,夫差被擒。

在复仇后的越国百姓心中,西施与郑旦是并列第一的"冠军""浣纱双姝"。

不过,历史留在后人心目中的她们还"并列"吗?

如今的诸暨,处处可见"苎萝山""浣纱江""浣纱大桥",而西施殿更是大放异彩。"郑旦亭"却隐藏于景区一角,默默地"烘托"着流光溢彩的西施殿。

千百年来,郑旦只是一个不起眼的配角,只能静静地看着自己亲手推上前台的西施,堂而皇之地成为"冠军"。

只有来到诸暨，方知郑旦，若在全国呢？人们只知道一个西施。二人的结局完全不同，一个名传千古，一个朽同草木。

这个世界留给人们一个不太合理的规则：你只需知道冠军是谁就够了，至于亚军是谁并不重要，人们自幼也是被这样教导的。或许这才是世界的残酷之处，有人的地方，必分高下。

长眠在姑苏城外黄茅山的亚军郑旦，只能眼巴巴地看着自己亲手打造的冠军西施，甜蜜幸福地跟随范蠡去泛舟五湖了。

### 精要絮语

人人都知道西施是越国灭吴的关键人物，而对郑旦几乎一无所知，或许这就是历史的诡异与残忍，但谁能说是不公平呢？

## 吕后与"人彘"，一张女人斗法的远古底片

两千多年前的那个秋天，沛县县令的家宴上，少女吕雉偷偷站在屏风后从缝隙打量来来往往的宾客。县令的家宴，名流如云，忽听一声高喊：泗水亭长刘邦贺礼一万！

但见这刘邦虽衣着简洁，却清爽不俗，英气逼人，直看得少女心如鹿撞，娇羞地对一旁的母亲说："能得此人为婿，吾愿足矣！"

像所有为女儿作长远打算的母亲一样，吕夫人坚称刘邦无家无业，游手好闲，一个打杂小吏……但吕公却不这么认为，坚称此君非一般书香门第的斯文才子可比，更别提官宦豪富纨绔子弟，日后必定大富大贵，前途无量！这样，吕雉姑娘得遂心愿，嫁给了浪荡子刘邦。

此时刘邦已近40岁，单身，但有一子刘肥，得此娇妻，发誓一定出人头地。

像所有成功前和成功后的男人一样，家，只剩了宾馆的功能，出身世家的吕雉无可挑剔，不仅独自侍奉公婆，照顾一儿一女，还要带着继子一起

生活。

楚汉争战开始后，吕雉带着家人东躲西藏，颠沛流离。这一日，项羽竟俘虏了吕雉与刘邦的父亲，一关就是两年多，受尽折磨和凌辱。当项羽以吕雉的性命做要挟，刘邦却一副流氓嘴脸，笑嘻嘻地说："这人你要杀便杀，悉听尊便。"

公元前205年4月，项羽与刘邦于彭城交战，刘邦不敌，单枪匹马逃到曹州东南二十余里的戚家村。追兵赶来，绝望之际，他猛然瞥见一户人家小院里，一老翁和一年轻女子正在劳作。他来不及多想，赶忙走上前请求帮助。年轻女子急中生智把他藏在一口枯井中，又把战马赶走，刘邦这才逃过一劫。

晚饭时，刘邦得知恩人姓戚，女儿戚氏貌若天仙，遂表露身份自己就是汉王刘邦，感谢救命之恩，若娶女儿，将来一旦富贵，定当厚待。戚家父女叩头谢恩。二人当夜成亲，而且约定以后有了孩子，取名如意。后来在众人辅佐下，刘邦使妙计离间项羽与其君臣，终于在公元前202年，全歼西楚军于垓下，逼项羽自刎于乌江。

刘邦即皇帝位于汜水之阳，立吕雉为皇后，吕雉所生刘盈为皇太子。

回到刘邦身边的时候，吕雉已经38岁，并听说刘邦已经有了白月光戚美人。戚氏已被接到长安，封为夫人。

戚夫人不仅年轻貌美，温柔可人，而且精通鼓瑟，擅长歌舞，尤其是刘邦最喜欢的"翘袖折腰"舞，戚氏的一切都合圣意，每次外出征战都会跟随，而正室吕雉，只能安于"留守"的命运。

身为皇后，吕雉的痛苦、失落、嫉妒，无人可知。丈夫和戚夫人、刘如意更像一家三口，其乐融融。吕雉感觉自己只是局外人，本已下嫁，谁知刘邦一旦发达，早已把发妻曾为他的一切牺牲和付出抛之脑后，忘恩负义，翻脸无情。刘邦薄情，戚氏恃宠而骄。吕雉胸中，酝酿着一口恶气。

平时刘邦总在想，自己与吕雉都是狠主，如何刘盈却天生懦弱，资质平平，全无太子之风？戚夫人虽有胸无脑，所生刘如意却天资聪颖，举止言语颇像乃父。刘邦每每面对刘盈，渐生废立之念。

吕后何等精明。觉出刘盈太子之位岌岌可危，瞬间愤怒，冷落自己也就罢了，动儿子的太子位，可是触碰了她的底线。

关键时刻，刘邦正式向文武大臣提出另立太子，受到大臣群起反对，只得搁置。

吕后久思无良策，遂问计于谋臣张良。张良答："臣有一计可行，但能否实现还要看皇后的手段和太子的造化如何。"这一计，便是汉时四大名士"商山四皓"，吕后一番谋划，终于打动了四位仙人，同意出山救太子。

当年刘邦多次亲自拜访，他们都坚持不出山，如今却愿意追随太子刘盈，这让刘邦大感意外。目送"商山四皓"离去，刘邦叫来戚夫人，指着他们的背影说道："太子羽翼已丰，我没办法动他的太子之位了，吕后以后就是你的主人了！"戚夫人听完，自知大限已到。

男人的薄情并无二致。

此后开启的两个女人的战争，一个铁娘子，一个傻白甜，胜负立见分晓。

拥有了"商山四皓"的刘盈，如愿以偿。刘邦驾崩后，刘盈即位，由于年幼，执政大权自然落到吕后手中。吕后的复仇先从刘如意开刀，调查许久才得到如意一个人独自在家的机会，立即派人端来毒酒，善良的刘盈发现时为时已晚。吕后随后将戚夫人抓来，砍断她的四肢，挖掉她的眼睛，熏聋她的双耳，割掉她的舌头，用药灌哑她的嗓子，把她扔进厕所中，是为"人彘"。

吕后虐杀戚夫人，不忍直视。

更残忍的是，为了让汉惠帝刘盈意识到权力之争的残酷性，吕后带他到厕所亲眼看这个血肉模糊、没有四肢的光头怪物，而刘盈得知这就是曾经貌美如花的戚夫人，深受刺激，号啕大哭，病倒一年多无法起床。他派人对太后说："这样的事，不是人能干出来的，我虽是太后的儿子，却再也无法治理天下了！"从此，刘盈不理政事，郁郁而终。

失去儿子，吕后的人生才刚刚开始，而作为一个政治家，她要上位了。

纵观吕雉的一生，并非天生强势、狠毒。刘邦的薄情令她绝望愤怒，由此产生了极度的不安全感；而戚夫人的野心和欲望，直接威胁到了她和儿子的前途和性命，嫉恨让她明白了权利的重要性；她所处的政治环境以及和戚夫人之间的矛盾，已经你死我活。

司马迁在《史记》中对吕后的记述，不偏不倚，客观通透，既揭露和批判吕后的暴行，也肯定了她的成绩。她虽对情敌残忍，但对百姓仁厚，她让刚刚脱离严酷秦制的百姓休养生息，那个使得李斯身首异处的"腰斩"酷刑，就是在吕后执政期间废除的。

### 精要絮语

吕后与戚氏的戏份，不过一张女人斗法的远古底片。年少不懂吕太后，读懂已是不惑人。

## ◉ 李夫人：人间第一清醒

观看现代芭蕾舞，得到一个启示：行走世间的每个人，都事关退场。

中国历史上有过几个颇显智慧的退场，如范蠡、刘伯温、孙思邈。若论女子，汉武帝生命中那个"一顾倾人城，再顾倾人国"的李夫人是不是呢？

后宫佳丽三千，但真正得到汉武帝真情相付的只有四位：陈阿娇、卫子夫、李夫人和钩弋夫人。

废后的阿娇选择了在长门中幽居，而卫子夫卷入巫蛊之祸并自尽，钩弋夫人被剥夺了做母亲的权力，李夫人呢？

她如何让多变无常的帝王，对她一往情深，终身痴迷于她？

这得从李夫人的哥哥李延年说起。

李延年因犯罪遭受宫刑后被送进皇宫养狗。按说这与欢爱南辕北辙，但李延年偏偏出身于艺术世家，他本人尤其擅长歌唱，当他失去了一些男性特征后，嗓音变异更吸引人，每当闲暇无事就随口哼唱。

这样随意一哼，就吸引了正路过狗舍的汉武帝，美妙的歌喉让皇帝不由停下脚步——李家命运的齿轮开始转动。

李延年被调到皇帝身边，成为皇家歌手。

这与他妹妹何干？

机会来自一次大型宴会。李延年满怀深情地唱道：

北方有佳人,

绝世而独立。

一顾倾人城,

再顾倾人国,

倾城又倾国,

佳人难再得。

"哪里有这样的美人呢？"对于帝王，身边的佳人永远不嫌多。

没等李延年回答，热衷于替皇侄物色美人的馆陶公主刘嫖立刻说道："当然有啊，就是李家的小妹妹。"

李家小妹闪亮登场。她的美貌、身材、歌喉，碾压全场，小妹在那一晚成为汉武帝的李夫人。很快得到盛宠，生下一子。

随着李夫人得宠，李家慢慢显贵起来。只可惜世事无常，李夫人产后一直病弱，以致后来无法下床。因为宠爱而得到的富贵眼看烟消云散，李家人着急，李夫人更急。好在汉武帝并没有因此冷落，反而时常去看她。

奇怪的事出现了，病榻上的李夫人，做出一个大胆而反常的决定——坚决不见汉武帝。

心爱的美人生病，皇上心疼看望，但无论他如何哀求，李夫人始终蒙着被子不肯见他。皇上心中不悦，李夫人解释道："我长期卧病在床，容颜憔悴，无颜面见陛下，只希望陛下善待我的儿子和兄弟。"

当她弥留之际，汉武帝坚持见她最后一面，李夫人坚决拒绝。

被逼无奈的皇上向她允诺，只要能见她一面，就赏赐千金，并许诺她兄弟高官厚禄。

李夫人不为所动，转过脸去流泪叹息，不再言语。汉武帝愤然而去，心中充满了无奈。

汉武帝离去后，李夫人的兄弟姐妹大为疑惑。但李夫人依旧清醒："以色事人者，色衰则爱弛，爱弛则恩绝。我原是身份低微之人，陛下之所以还想着见我，是因为还念着我往日的美貌，可我如今憔悴不堪，容貌不再，若让他看见眼下的不堪，他会怎样的失望呢……"

世间有没有真情？

有。永远是没得到或未尽兴的那个。

李夫人的聪慧在于此。果然，在她去世后，汉武帝对她念念不忘，不仅将她的画像挂在甘泉宫里，晚上还抱着"怀梦草"入睡，希望在梦中与她见上一面。

传说西汉时有一种植物，只要抱着这种草入睡，就能在梦中得偿心愿。汉武帝揣着这草，晚上果然梦到了李夫人。于是将这种草改名为"怀梦草"。

仅仅梦中相见怎能缓解思念！汉武帝又让方士想办法为李夫人招魂。对李夫人的念念不忘，使得汉武帝自然也没忘记她的家人，她的两个哥哥都得到了高官厚禄。

阿娇、卫子夫、钩弋夫人都死得凄凄惨惨，但汉武帝却专门为李夫人写下《李夫人赋》。

后宫哪个女子能得此殊荣？

帝王多薄情，李夫人早就明白了这一点，所以即使汉武帝以千金厚禄来诱惑她，她依旧不为所动。

人生注定都有上场。有时我们对上场会格外在意，隆重而热烈，描眉画眼，精益求精，可是谁的人生没有退场呢？

某些时候，或许不能完全掌控自己的上场，但精心退场却是可以做到的。

若不是后来的李氏兄弟把自己"作"死，有汉武帝在，至少得到像李夫人一样的善终应没问题。这样的结局在汉武帝的女人当中，已经实属典范。

在某种意义上，生命是否精美，上场固然重要，而退场也草率不得。有的人退场过于随意，甚至在退场时栽倒；而有的人则在退场时一丝不苟，给世人留下一个完美的背影。

把自己最美的一面，永远定格在皇帝的生命中，是李夫人超越自身美貌的独特智慧。汉武帝一生中，也许只有李夫人得到了他真挚的感情。

### 精要絮语

这个世界无论是谁，离开时的姿势，就是自己的"立此存照"。退好人生的每一个"场"，事关胸襟、修为与格局，不可不察。

## ⊙ 汉元帝如何"错过"了王昭君？

贪婪是否伴随了人类的诞生？

两千多年前，毛延寿的一个贪念，让一个如花似玉的女孩瞬间命运转向。

公元前35年，历史的车轮正行进在汉元帝的天空下。朝廷又向民间选秀了。

彼时的民间女孩，除了嫁人之外入选宫女就成为改变命运的唯一机会。湖北秭归的15岁平民女孩王昭君，就在这一年走进深宫。

来自民间，姿容奇绝，王昭君自幼就从众人的目光中感知了自己美丽的容貌，她也足够自信。

当然，深宫深似海，宫女多如云，皇帝却只有一个。皇帝有时间选招众多宫女，却无暇一一过目。于是自古以来的深宫佳丽，能得宠幸的寥若晨星，大多此生寂寂，自生自灭，落得个"闲坐说玄宗"的命运。

汉元帝虽平庸，但也要日理万机，所以在汉朝就催生了一个奇葩职业——宫廷画师。

元帝忙成啥样呢，以至于竟把这么重要的事交给一个并不相干的人，即根据画师笔下宫女的美丑，按图召幸。

毛延寿就是王昭君迎头撞上的画师。当时宫廷里还有一批如刘白、龚宽、陈敞等善画人物的画家，这些人品行如何已无从得知，但可以确定的是，这个毛延寿却贪婪无度，发财梦竟做到了小小宫女身上。凡行贿于他的，被他画得貌若天仙。否则，即使真正的天仙来到他笔下，也难逃被画丑的厄运。

15岁的王昭君哪知人心险恶，当宫女们纷纷"孝敬"毛延寿，穷困的家境没让她想到"行贿"二字，而这恰恰招致毛画师恶狠狠的报复，不但将她画丑,还在她的眼睛底下特意点了一颗黑痣。你道这痣有何忌讳?

克夫。

两千多年前,科学一词还没诞生呢,更别提要求人们尊重"科学"了。于是,这个倒霉的女孩竟迎来"丑陋+克夫"的命运。深宫五年,王昭君连汉元帝的影子都没见过。

后宫就像一座监狱,佳丽三千,能被"临幸"的少之又少,大多数宫女无异于尼姑。王昭君的青春岁月就在无聊中消磨打发,随着大部分宫女留在舒适圈,幻想着美好的未来,又眼睁睁看着年老的宫女寂寞死去,喃喃地想象着自己的命运。

如果不是西域适时地爆发了一场战争,王昭君的命运轨迹指定就和身边那些白发宫女一样。

元帝一生平淡无奇,却给历史留下两件大事:陈汤万里远征,擒杀郅支单于;王昭君出塞。

看似风马牛不相及的这两件事,却产生了冥冥中的联系。

这时的匈奴,十几个单于经过多年混战,只剩两个,呼韩邪单于和郅支单于。

呼韩邪南下臣服汉朝,而郅支远走西域,以为天高帝远,根本不把汉朝放在眼里,连前来的汉朝使者都一刀斩杀。被激怒的汉元帝派出甘延寿和陈汤两位大将,一路西征,将郅支斩首,响彻历史天空的"明犯强汉者,虽远必诛"的豪言,就出在陈汤给元帝的上书里。

这场战争结束了匈奴的分裂局面,也让呼韩邪单于反复掂量:郅支单于比自己力量雄厚得多,都不是大汉的对手,自己得聪明一些才是。

公元前33年,呼韩邪单于入朝觐见元帝,重提中断许久的汉匈和亲。

汉元帝欣然答应,于是他决定挑个宫女给呼韩邪单于,且在后宫发话:"谁愿意嫁到匈奴,我就把她当公主一样看待。"

宫女们得知这个出宫的机会,高兴极了。然而一听是去匈奴,又纷纷噤声。

唯有王昭君站出来,毅然自请去匈奴和亲。无论从家国大义,还是自身命运,都让她决心改变一潭死水的宫女状态,冲出舒适区,放手一搏。

负责和亲事务的大臣正在发愁无人报名，王昭君的出现让大臣顷刻解围，马上报告元帝。汉元帝也没多加考虑，立即吩咐下去，选择良辰吉日，在长安为呼韩邪单于和王昭君举行婚礼。

当日，王昭君被当作公主，一番装扮，出现在汉元帝与呼韩邪单于以及众臣面前。

本就丽质天成，此刻被打扮成新娘，更加倾国倾城，《南匈奴传》用16个字描述："丰容靓饰，光明汉宫，顾影徘徊，竦动左右。"

她如一道光，照亮皇宫。

众人目瞪口呆之际，最为震惊的是汉元帝和呼韩邪单于。

"帝见大惊，意欲留之，然难失信，遂与匈奴（《南匈奴传》）。"这个"帝"就是汉元帝。他的内心发生了九级地震，心想："如此绝色宫女，朕居然没见过！"

悔意写在元帝脸上，但此时反悔，他的颜面何在？

呼韩邪单于呢，对王昭君的容貌惊为天人的同时，更感天大的意外，大汉竟把如此绝色的公主嫁给自己，他感激涕零，信誓旦旦愿为大汉帝国拱卫北疆。

汉元帝惆怅地看着美人与呼韩邪单于远去。在汉元帝深深的遗憾中，想起一个人——毛延寿。

他命人取出曾经的宫女画像，找到王昭君，睹画思人，毛延寿的生命也到了终点。

王昭君的命运从此改变。按照匈奴的习俗，她两嫁单于首领，先后生下一男二女，得到了两代单于的爱护和敬重，也得到了数万匈奴牧民的爱戴。

当首领去世后按照匈奴的习俗，王昭君要继续嫁给单于的弟弟或者继子。但这对王昭君来说有悖于汉朝的伦理纲常，于是王昭君就给汉元帝写信，"儿臣已经完成和亲，要求返回"。

可惜，汉元帝在她离开半年后驾崩，汉成帝继位，回信只有三个字：从胡俗。

王昭君无望了，只能继续嫁给呼韩邪单于的儿子复株累单于。在这段婚姻中，她又生下了两个女儿。

命运总是曲折的，在11年后，复株累单于也过世了。公元前21年，王昭君继续嫁给复株累的弟弟搜谐若鞮单于。有一种说法：单于担心昭君和老单于生的儿子争夺王位，于是下令斩首其子。

公元前19年，王昭君离世，年仅35岁。

精要絮语

自己选择的人生，无怨无悔。王昭君此番出塞换来了汉朝北部边疆60年的平安无事，王昭君这个名字也因此挂上了历史的彩屏，熠熠闪光。

## ⊙ 明明可以拼颜值，她终以温良贤淑助夫上位

公元23年夏天，刘秀娶到了19岁的阴丽华。

为了拿下"执金吾"，婚后等待他的正是招降河北。

在局势复杂的河北，刘秀很努力，也很幸运，昔日旧友纷纷投奔，最后只剩下真定王刘扬，手握十万兵马，不肯归附。胶着之际，刘扬提出一个啼笑皆非的方案：要想合作，刘秀必须娶自己的外甥女郭圣通。

郭圣通何许人也？今天河北省藁城市，古建制属真定府。父族属郡中大姓，母族是真定恭王刘普之女，因嫁于郭氏而称为"郭主"，生下郭圣通和儿子郭况。

刘秀一时之间陷入两难，但对于志向远大的男人来说，还有什么能比得上事业加持呢？

事实上，与郭圣通的婚姻不但避免了一场血战，随着刘扬的十万大军加盟，美人、权势兼得，看上去无比圆满。当然，他并没忘记身后那个娇妻阴丽华。

公元25年，农历六月，刘秀在河北鄗城（今河北柏乡）的千秋亭称帝，定都洛阳。

又一个难题：立谁为后？

一边是发妻阴丽华，一边是已经为自己生子的郭圣通。

郭圣通怀抱着襁褓中的长子刘彊走进洛阳，见到了从南阳赶来与刘秀团聚的阴丽华。

一时难以解决，刘秀只好立两人都为贵人。

这时如果按前朝吕雉皇后的逻辑，无论从哪个角度来看，一场血战该上演了。

然而，阴丽华一个举动改变了历史走向，她宣称自己不做皇后。她说出的话全是对夫君的纾解："困厄之情不可忘，况且郭贵人已生子。"

如此闪光的品行，令众人咋舌。谁人不知正妻不仅是国母、皇后，而且她所生的孩子还极有可能是未来的太子和皇帝，死后还可写入族谱、进宗庙祠堂、可与丈夫合葬等诸多权利。

阴丽华让出皇后之位，到底要付出多大的代价，刘秀比谁都明白。

公元26年六月，郭圣通被正式立为皇后，刘彊为皇太子。

刘彊之后，郭圣通又先后生下四个儿子。阴丽华直到建武四年，即公元28年，才在河北元氏县生下第一个儿子，即后来的汉明帝刘庄。

此后，雄才大略的光武帝在帝王路上蒸蒸日上，逐渐扫平了其他割据势力，前后花了12年时间使分裂的天下再次归于统一。

皇后郭圣通，连续的生养，加速了她的衰老，心态、脾性巨变。太子刘彊十分顽劣，屡被刘秀斥责，竟让他向弟弟刘庄学习，这让郭圣通顿感危机，与阴丽华暗生嫌隙。她"怀执怨怼，数违教令……既无关雎之德，而有吕霍之风"（《后汉书》），与阴丽华的"恭俭，少嗜玩，不喜笑谑，性仁孝，多矜慈"，形成鲜明对比，为两人后来的命运，埋下伏笔。

阴丽华为了躲避与郭圣通可能的冲突，让刘秀有一个安定的"后院"，她主动搬出了洛阳。郭圣通找不到发泄对象，就拿宫女撒气，后宫人人自危。而这又无异于自掘坟墓，刘秀心里的天平开始倾斜。

刘秀不是薄情之人。对郭家，他始终待遇优渥。然郭圣通渐渐丧失了理智，"以宠稍衰，数怀怨怼"，刘秀终忍无可忍。公元41年，刘秀废郭圣通，转为中山王太后，改立阴丽华为皇后。

阴丽华向刘秀建议，刘彊依然是太子，还要封赏郭圣通家族。

阴丽华的善意以及刘秀的百般安抚，反让刘彊内心不安。母亲被废后，他终日活在忧郁中，提出让出太子位给阴丽华的长子刘庄。刘秀与阴丽华则认为大人的纠葛不应连累孩子，刘彊依然为太子。后来，刘彊多次提到自己想做藩王的心愿，刘秀只好封他为东海王，原东海王刘庄成为新太子。

在古代，但凡皇帝废皇后、换太子这类的废立大事，注定刀光剑影，血雨腥风。被废弃的皇后呢，要么被打入冷宫，生不如死，要么被赐自尽，香消玉殒。但废后郭圣通，却是史上最大的例外，她得到了最大程度的厚待和尊重。

这首先得益于阴丽华的大智慧与大格局，更归于刘秀、阴丽华、郭圣通三人的良好互动。郭圣通虽偶有妒忌，对于后宫的女人来说也属正常，总体算来三人都是良善之人，都注意不把事做绝，特别是郭圣通，她与儿子接住了阴丽华的善意。倘若其中有一人像前朝吕后对付戚氏那般，结果都不会如此平稳。

他们像一家人坐下吃一顿饭就把问题就解决了，不但没有杀人流血，而且郭圣通和前太子刘彊都富贵平安度过余生，也算得上历史上的宫廷清流了。

刘彊的良善让阴丽华感到十分不安，她向刘秀请求，再次扩大刘彊封国领土，把他的封地扩大两倍，足足有29个县之多。

公元50年，郭圣通的母亲病逝，刘秀亲自临丧送葬，举办了盛大的葬礼，郭家感激涕零。郭圣通尽管被废，看到父母死后如此排场体面，也就心满意足。

两年后，建武二十八年，即公元52年夏天，郭圣通平静地随母亲去了，葬于北邙山。

公元64年，阴丽华去世。巧合的是，她与刘秀都是62岁寿命。死后与刘秀合葬于原陵。

### 精要絮语

正因为有一个安宁和谐的后宫，刘秀才在东汉的道路上励精图治，终于走出西汉末年的乱世，大汉传奇得以延续，成就了历史上著名的"光武中兴"。

## ⊙ 甄宓与郭嬛："农夫和蛇"的故事何曾止歇

2007年，我在清华大学进修一年，在图书馆借的第一本书就是关于甄宓的传记，但书名已经忘记了，因为那本书已经黄旧不堪，没有封面，每周五晚上和周日下午，我在往返北京的火车上读完这本书。

后来看到蔡少芬版的电视剧，有一个场景，甄宓救助落难女子郭嬛：一伙人追打一个女孩，女孩倒在泥泞里奄奄一息。在此路过的甄宓让仆人把女孩救回家，然而家人给她洗澡时，惊叫着逃散而去。原来，女孩一身红点，人们怀疑是麻风病，正说着追女孩的那伙人又追来，说要打死她，聪明的甄宓将计就计，将女孩置于一个垃圾堆里，那伙人追来时，揭开袖口一看"麻风"证据，立即吓得四散而逃……

原来，懂得医道的甄宓仔细查看了女孩身上的红点，并非麻风而是普通过敏，她同情女孩的遭遇，把她留了下来。后来，她们在土地爷面前结拜为姐妹。

"我甄宓……"

"我郭嬛……"

如此这般。

世事难料，却从此开始了二人恩怨惨烈的一生。

确切说是郭嬛以怨报德的一生。

我始终认为，所谓"一女乱三曹"，过于主观，甄宓只钟情于曹植。只是命运这个东西，才不管那么多，最后让甄宓嫁给曹丕。

关于曹丕、甄宓、郭嬛，被后人演绎了多种版本，我读过的那本书，以及不少影视剧作品显示的本质，就是甄宓与郭嬛之间的"农夫和蛇"的故事。

所谓"防火防盗防闺蜜"，按理说郭嬛哪有资格成为甄宓的闺蜜！当她被甄宓养尊处优地善待，竟忘了自己的来路。

关键还是与生俱来的品性影响，本性善良的甄宓，你让她去算计，去谋害，去阳奉阴违，她哪有那基因！而这一切，却一直潜伏于郭嬛骨子里。最初的闺蜜假象在她内心渐渐退去，阴谋开始上场。

后宫女人间最大的仇恨，不是钱财权势，而在于男人。派给甄宓的这个男人——曹丕，极有可能成为世子。不久后的现实也证实曹丕不仅子承父业，还成为曹魏第一代皇帝。郭嬛就此下手了。

曹丕称帝之前，有一次曹操惩罚曹丕，让他留守，而带领其他男儿外出征战。

郭嬛的机会来了。

曹丕醉酒，郭嬛假装为曹丕敬酒，故意洒曹丕一身，再假帮擦拭，又软语相偎，曹丕醉眼迷离中，误将郭嬛认作甄宓，一把搂进怀中，亲昵之际，被甄宓撞见……

必须承认，郭嬛的姿色品行虽不及甄宓，哪怕相差天渊，可是在男人眼里，郭嬛的美色不容小觑，何况在美色面前，又有多少男人看重品行？

更关键的是，甄宓再美再俏，毕竟属于"已经得到"，而郭嬛尽管次之，却是最为新奇最为心动的"红玫瑰"。

恰恰，甄宓和郭嬛属于两个世界。

甄宓心善，虽有智慧，却因善良过度而将这智慧酿成伤害自己的利器；郭嬛的心机腹黑，关键时刻助曹丕上位，而这甄宓毕生也别想学来。何况，甄宓还亲手赠送给郭嬛一个致命把柄——曹植。

无论哪个版本，将甄宓与曹植包装成为一种私情，呈送到曹丕面前，是每一个郭女王的不二手段，屡试不爽，死死扼住了曹丕的死穴，也将甄宓和曹植送上绝路，可谓一石三鸟。

公元220年，曹操去世，曹丕继位为魏王，不久后他就篡汉建魏，登基当了皇帝。

曹丕称帝之后，对发妻甄宓的宠爱无减，这更加让盯住皇后位置的郭嬛，坚定了必须除掉甄宓的决心。

从哪里下手呢？

郭嬛祭出曹植这枚棋子——郭嬛向曹丕"告密"：曹叡是不足月的早产儿，甄宓一直与曹植缠绵，怀孕两个月后才嫁给曹丕，曹叡非曹丕亲生……

曹丕对曹植和甄宓早有猜测之心，因此狠下毒手，不但降罪曹植，还残酷地赐死甄宓，把新欢郭女王立为皇后。

公元221年六月，38岁的甄宓"披发覆面，以糠塞口"下葬。

*河北省无极县史村的甄氏墓群*

曹丕、甄宓、郭嬛，令人不由得想起前朝另外三人——刘启、栗姬和王娡。大抵历史上的皇帝在对待美色上基本一致，只要是美丽的女人，不管这个美女的身份和地位如何，都会成为他宠幸的对象。

假如将栗姬和甄宓、王娡与郭嬛分为两组，必须承认前二者的低情商，无论如何善良醇美，宫斗中谁在意这个呢？手段和心机才是制胜法宝，她们分别输给王娡和郭嬛，毫无悬念。

历史只相隔了300年，竟神奇重演，栗姬和甄宓为自己的善良和低情商以生命买单，而王娡和郭嬛则成功上位。唯一不同的是栗姬更惨，太子刘荣被废，甄宓的儿子曹叡则卧薪尝胆，多年后终于为母雪耻。

甄宓为曹丕生下两个孩子，曹叡和曹瑛。

作为曹丕的嫡长子，又是甄宓所生，曹叡深受曹丕喜爱。尤其当他稍稍长大之后，因为长相俊美、气质超凡脱俗，又博闻强记、过目不忘，而被曹家另眼看待。

然而此时的皇后是郭嬛，她担心日后称帝的曹叡复仇，因此郭嬛一直忌惮曹叡。不仅郭嬛，被郭嬛蒙蔽的曹丕也对曹叡一直小心警惕。

有一次，曹丕带曹叡外出打猎，遇到两只鹿，是一对母子。

曹丕张弓搭箭，一箭就射死了母鹿，又下令曹叡射杀小鹿，但曹叡却没有执行，眼泪汪汪对曹丕说："陛下已经射杀了母鹿，我实在不忍心射杀她的孩子。"说完痛泣不已。

曹丕被曹叡的话所感动，由此想到甄宓，产生恻隐之心。

这时，重臣卫臻指点曹叡：要想为母复仇，一定要善于掩饰，勤于事务，小心谨慎，还要对曹丕和郭嬛毕恭毕敬。

郭嬛没有自己的孩子，曹丕下诏让她认曹叡为养子。起初曹叡不太情愿，岂能认仇人为母？

然而，曹叡很快明白一个道理，那就是想要复仇，就必须先成为未来的皇帝；而要成为未来的皇帝，就要先成为太子；而要成为太子，就只有认郭嬛为母。

他将自己内心的仇恨隐藏起来，殷勤地侍奉郭嬛，显得十分孝顺。

随着时间的流逝，曹叡的年纪越来越长，思想也越来越成熟，再加上他能力出众，曹丕对他不再忌惮。

公元226年5月16日，曹丕病重，下诏册封曹叡为太子，不久曹丕去世，曹叡继位为帝，是为魏明帝。

曹叡继位后，清理了皇权道路上的一切障碍，任命了甄宓家族掌控军政大权，表面上也对郭嬛的兄弟加官晋爵，这使郭嬛更加放松警惕，盲目乐观。

曹叡终于开始向郭嬛复仇了。不过他并不打算让郭嬛死在自己手上，而是让她自己结束生命，他不想背负骂名。

公元235年，51岁的郭嬛突然去世，死因是内心太过忧惧导致暴毙。曹叡下令以皇后礼仪下葬。为了帮母亲甄宓雪耻，也对郭嬛"披发覆面，以糠塞口"……

### 精要絮语

在后世看来，曹叡虽属君子报仇，但51岁的郭嬛相比38岁的甄宓，报应来得还是晚了些。

## ⊙ 长孙皇后：脂粉靡丽中的一股清流

在后世心目中，李世民成就的取得，除了一众良臣的规谏辅佐，长孙皇后的聪明和善巧也不可多得。

在初唐李世民的诸多决策中，长孙皇后的作用表现在诸多方面，最令后世难忘的则是长乐公主出嫁和泰山封禅。

长乐公主为长孙皇后所生，被李世民格外疼爱，下嫁给长孙无忌的儿子长孙冲。李世民为了表达父爱，以及对长孙皇后的感情，在操办婚礼和陪嫁方面大大超出了唐律的礼制。而满朝文武纷纷附和，顺从李世民的旨意，欢天喜地地帮助操办"皇嫁"。

在这之前，魏徵已多次对李世民"认死理"，皇上都没"计较"他的"不知好歹"，给足了他太多"面子"。

长乐公主出嫁前，魏徵对李世民说："长乐公主到了适婚年龄准备出嫁，是我大唐天大的喜事。臣衷心地表示祝贺，但有两件事情臣以为不妥。"

"有何不妥？"

魏徵直言："其一，大操大办，奢侈浪费之风若不从陛下这儿刹住，恐将愈演愈烈；其二，按唐制皇姑为大长公主，正一品。皇姊为长公主，皇女为公主，都是一品。按礼仪，长公主与公主品级相同，不应有所差别。但论辈分，长公主应尊于公主。可是，陛下出于私情，却让长乐公主的嫁妆超过长公主一倍以上，显然不符合唐律的规定。"

"你知道长乐公主是哪位娘娘所生吗？"

"当然知晓，皇后娘娘。"

"长孙皇后德行垂范，母仪天下，朕有今日，都是她的功劳。朕一直觉得愧对于她，想做点让她高兴的事也不行吗？"

"陛下让皇后娘娘高兴，当然可以，但不能以违反唐律为前提呀！国家有严格的制度规定，陛下赐给公主的嫁妆怎么可以是长公主的一倍呢？"

## 第二章 红颜的浅吟：时而香艳，时而刀剑

皇上生气道："你这人认死理儿，朕的家事你也管吗？"

"陛下作为一国之君，家事就是国事，小事也是大事。望陛下三思。"魏徵根本不想退缩。

皇上尽管器重魏徵，但此时他龙颜大怒："朕怎么就遇上你这么个人呢？"君臣不欢而散。

皇上气鼓鼓地来到后宫，对长孙皇后说："朕平日忙碌，本想借丽质的婚事多尽点父爱，没想到让魏徵给朕泼了一盆凉水。"

"这事与他有什么关系？"

"本来没什么关系，可是这家伙搬出《唐律》，这也不对，那也不行。还拿出汉明帝分封儿子的故事讲给朕听。说此风一开，将一发不可收拾，唉……"

长孙皇后回道："仔细想想，魏徵提醒的也不是没有道理。陛下在丽质的婚事上是不是真的做过了？"

她进一步感叹："我与陛下乃结发夫妻，说话时往往还要看您的脸色行事，魏徵不过是一介臣子，就敢犯颜直谏，非忠良莫为，何况人家说得很有道理。妾以为，陛下既嫁女儿又得诤臣，可喜可贺啊！"

皇上一愣："婚事简办，你没意见？"

"臣妾不仅没有意见，而且还要奖赏魏徵。"

这次虽李世民心有不甘，但又认为长孙皇后有道理，不但没治罪魏徵，还奖励了他。

然而，不久之后的"泰山封禅"，让李世民再也不想原谅魏徵。

这时，长孙皇后已经病重，在这件事上，皇后简直是救了魏徵。

满朝文武都赞成泰山封禅，只有魏徵带头反对。李世民气愤地质问："你是不是认为朕治理天下，功绩不高、仁德不厚、国家未安、四夷未服、年谷未丰、祥瑞未至啊？"

魏徵说："臣以为，陛下功业虽然很高，但百姓还没有普遍感受到陛下的恩惠；陛下的品德和威望固然很厚，但恩泽尚未广被；华夏虽已安定，但目前边疆尚不安定；边远的异邦虽已臣服，但居心叵测之辈还大有人在；粮食虽然连年丰收，但还经不起大手大脚的铺张浪费。这就是微臣以为不能举行封禅大典的原因所在。"

魏徵说到这里，抬头看了一眼皇上。皇上不说话，摆手示意他继续说下去。

"隋朝大乱，不止十年，如果将国家比作皮包骨头的病人，陛下就像妙手回春的良医，虽然解除了隋朝带来的病痛，天下得到了安定，但国家还远没有富裕强大，在这种情况下，就好大喜功地举行大规模的祭祀天地活动，臣以为为时太早了。届时，各国都要派使者前来庆贺，从长安出发，经洛阳向东，直到大海与泰山之滨，荒草芦苇丛生，沼泽遍布，茫茫千里，人烟稀少，暴露了我们虚弱的地方，易使外国使者产生轻视之心，那时追悔就来不及了。"

魏徵也不管李世民的心情，继续滔滔不绝地说道："恕臣直言，陛下现在变了，变得不如从前了，不像贞观初年那样能居安思危、戒奢以俭、礼贤下士、求谏如流……"

满朝文武闻言，惊惧万分，而李世民听了这样的谏言，气愤地想要杀了魏徵。

他来到后宫时，长孙皇后面容憔悴，卧于病榻，正在翻阅魏徵编撰的《隋书》。皇上怒气冲冲地走进来，自言自语地骂道："不识抬举的东西，朕迟早要杀了这个乡巴佬！"

长孙皇后见状，心疼地问道："谁惹陛下生气了？"

"除了魏徵还有谁？"

"魏大人因何让陛下生这么大的气？"

"今天上朝，文武百官联名请求泰山封禅。唯独魏徵坚决反对，说朕贪图虚名，劳民伤财！"

"魏徵说得不在理？"

"这朕倒没意见，可气的是，这个乡巴佬居然在朝堂上当着满朝文武的面，让朕难堪，下不了台。"

长孙皇后听罢，径直走进里屋，梳妆打扮一番后，换上朝服，在宫女的搀扶下颤颤巍巍地走向李世民。

然后，她单腿跪地，郑重地说："臣妾长孙氏，叩见吾皇！愿吾皇万岁，万岁，万万岁！"

皇后的举动，皇上不知所措。他急忙起身走上前去问道："小妹有病在身，为何身穿朝服，行此大礼？"

"臣妾以为，陛下有此贤臣，实乃我李唐社稷之大幸。臣妾怎敢只顾爱惜病躯，不闻不奏。故而身穿朝服，前来朝贺。臣妾衷心祝愿吾皇万岁，大唐江山永固。"

皇后言罢，一拜到地。

皇上急忙上前搀扶。两个宫女抬来坐榻，让长孙皇后就势坐下。皇上茫然不解地说："你说的贤臣，在哪儿？"

"远在天边，近在眼前。"长孙皇后说毕，非常恭敬地呈上《隋书》。

皇上接过，扫了一眼，不以为然地说："此书是朕命魏徵所写。你说的贤臣，难道就是……"

"正是魏徵！"

皇上不快地说："哼，欺君罔上，不知大小，算什么贤臣！"

"此书陛下可曾读过？"

"还未曾读过。"

长孙皇后说："忠言逆耳利于行，良药苦口利于病。魏大人在朝堂之上当众犯颜直谏，一定有他的道理。臣妾相信，陛下读过这本书后，就会明白魏大人的耿耿忠心和良苦用心了。"

皇上想起魏徵的神色和声音，说道："治不忘乱，是以身安而国家可保也！隋朝两代而亡的教训，朕何尝不知，隋炀帝身边根本就没有敢于坚持原则、犯颜直谏的贤臣。"

长孙皇后见势跟上："即使有，也没有用。"

"为什么？"

"因为像陛下这样虚怀若谷的帝王，一怒之下都想杀了魏徵，若是换成隋炀帝，早就杀他一百回了。"

皇上会心一笑，甚至有点难为情："小妹不用说了，朕明白了。"

他深情地看着长孙皇后："朕之所以能成就霸业，就是因为朕的身边不仅有个犯颜直谏、不怕杀头的魏徵。而且，还有个知书达礼、明辨是非的贤后。"

贞观八年，长孙皇后刚染病时，太子承乾侍奉于侧，请求"奏赦囚徒，并度人入道，冀蒙福助"。长孙皇后非常清醒，认为"赦者国之大事"，随意赦免囚徒，是因人废法、破坏法制的行为，坚决制止。

当长孙皇后气息奄奄，躺在病榻上，皇上急急进来，坐在床头，心疼地泪流满面。弥留之际，她给李世民留下了这些遗言：起用房玄龄；再次强调不要让自己的亲族掌权；要求薄葬。

最后的谏言："愿陛下亲君子，远小人，纳忠谏，屏谗慝，省作役，止游畋，妾虽没于九泉，诚无所恨！"（《资治通鉴》卷一九四）

公元636年，长孙皇后病逝于长安城立政殿，年仅36岁。

### 精要絮语

大唐因为有长孙皇后这样敢于谏言、远见卓识的皇后，忠良得以保护，正气得以匡扶，诸多正义直谏才能顺利被李世民采纳，大唐贞观之治的军功章有长孙皇后的一半。

## ⊙ 罗四：红顶商人为你"洗秋"

雨雪霏霏，走进胡雪岩故居。

一直以来，对胡雪岩的认识仅仅停留在一些符号上，"红顶商人""官商""戒欺"和"真不二价"……是的，这些都没错，胡雪岩从一个地位卑微的钱庄小伙计，凭着聪明通达、识人善断开始涉足商场，以滚雪球的方式积累财富，用30年时间做成了清朝首富，还步步高升，官居二品，头戴红珊瑚，身穿黄马褂，成为晚清最著名的红顶商人。

此刻，我躲开喧嚣的旅游人群，穿过高门阔院，来到大院一隅的"洗秋堂"。

哦，洗秋！

我被这名字惊动一下。抛却胡雪岩于商于政的功与过，仅凭"洗秋"二字，我不再怀疑胡雪岩"儒商"的儒了。

"对潇潇暮雨洒江天，一番洗清秋"，这样的字眼一跳入眼帘，一种古意，油然而生。

## 第二章　红颜的浅吟：时而香艳，时而刀剑

洗秋堂是胡雪岩最后一个爱妾的住所。他自己也不曾想到又能再遇这位女子，那时的东部区域已无房间，只得安置在这里。

洗秋堂建成是在秋天，"一番洗清秋"，雅致得令人心疼。

影壁上的云峰图，是一块天然形成的大理石挂屏。胡家很少挂字画，江南潮湿，字画不易保存，古人对于天然形成的东西比较推崇，还有就是那块黄灵璧，价值连城。

一墙之隔，月亮门洞里，开出一方精致雅丽的小天地，一所精巧玲珑的后花园。

不知这算不算世界上最为袖珍的园林，小得只容两个人的呢喃，连高台之上的亭子都是半封闭式虽然在这个故居里不乏令人称叹的细节小品，可是这个温馨的小亭，只能令人想到爱意，且只关乎一个女人。

满园春色中，男人在把这份私密给予的同时，也向其他妻妾宣示：她是唯一！

这个女人就是罗四。

胡雪岩共娶 13 房妻妾，其中多为贫民落难女子，如采蚕女、菜农女、螺蛳女甚至妓女，共同的特点是外貌美丽，资质一般，但对胡雪岩极为顺从，且妻妾间相处和睦，极少争斗。

罗四成为胡雪岩那个最爱也是最后的女人。

出身贫寒的罗四，是胡雪岩当年青梅竹马的初恋，幼时曾靠捞螺蛳养家，螺蛳女因此得名。虽一身的野气，但美丽、聪明、能干，有男人的大气，敢作敢为。当年胡雪岩奉母命娶了不喜欢的姑娘，初恋罗四怀恨出走，卖身青楼，再无音讯。

胡雪岩发达之后，越发想念罗四。有一次，他在一家小酒馆里吃螺蛳，猛然吃出了熟悉的味道，跑到厨房一看，竟发现自己朝思暮想的心上人正在忙碌。随后，罗四成了有名的"罗四太太"，成为胡雪岩在生意上的得力助手，也成了他的内当家。

暂且抛开"洗秋"，胡雪岩这番缜密的心思已经令女人动容了。这座仅属于罗四的袖珍园林，私密，清幽，美得令人窒息。

更奇绝的是看到那个月亮门洞，亭、台、楼、阁、石、花、树、草、

水、池、门、窗，诸多要素密集地浓缩于方寸天地，亭顶的雕花，花灯上的山水描摹，瘦透漏皱的装饰性太湖石，水塘边的一草一木，玲珑剔透，落日芬芳，无不渗透着胡雪岩对罗四的良苦用心。

站在红木雕刻的倚墙亭下，宁静、清幽，远离尘嚣，无一丝烟火气。这样的地方须屏息凝神，连目光也要似芸娘，纤纤的、细细的、轻轻的，如此，便可想象一个世纪前的那两个人——胡雪岩和罗四。胡雪岩造这幽秘之处以藏娇，足见罗四的魅力。男人似稀世珍宝般将她娇含于口，轻托于手，这样贴心融肺的呵护，全被收于这精雕细镂之间。

一园之内的正室、众妾们，属于她们的花园要比这方天地大得多啊！却无法比拟这里的私密与袒护。这方虽小，却只属此一人，这份优越与专情，足以令它的主人累世骄傲。也许每个女人的心里都希望有一个这样的男人——肯让你与他一起共享私密。即使胡雪岩再奸诈，却是罗四的"暖男"啊！

曾经以为，胡雪岩不过是一精明商人，能解多少风情，能谙多少花月，诗书底蕴是有些，纵使学富五车，也应围绕的是一个"商"字。今见这一小小园林，惊叹这位怜香惜玉之人的境界与操守。罗四在胡雪岩心中的地位才最重要，否则，哪怕一丝的伧俗，岂可般配这方精美儒雅的天地？

隔了一个世纪来想象，当年胡雪岩身边那些妻妾们，一定深谙此道。她们明白，若让一个在商界政界都如此成功的男人只钟情于某一个女人，其可能性极小。而胡雪岩在每天沉浮于商场官场的残酷污浊之余，能够在身边的姹紫嫣红中葆有那么一丝情调，一点"洗秋"的真纯，一点走上亭台去瞻月赏秋的冲动，一点怜香惜玉的温情，已经令人刮目。

难怪，后来胡雪岩被革职抄家，他将仅剩的一点钱财分给妻妾，让她们离去，众人恋恋不肯。而罗四更是至死不渝，生死不离。

### 精要絮语

那个曾经不可一世的男人，肯在罗四身上花费如此玲珑、细密的心思，将她置于这个看似逼仄的所在，实则，他把全世界，都给了她。

## 第三章
## 臣子的挣扎：贤与奸的纠缠，忠与逆的对决

忠臣，逆臣；贤臣，奸臣；谀臣，诤臣；庸臣，能臣……有君，必有臣。君君，臣臣，是为朝堂。

## ⦿ 管仲一粮收四国

开元年间,唐玄宗起用宰相姚崇,姚父去世姚崇回家奔丧,面对堆积如山的公文,下属愁云满布,可是姚崇假满归来,没几天就把积压的政务全部处理完了。众人大为叹服,姚崇亦颇为自得。他忍不住问中书舍人齐浣说:"我当宰相,比起管晏如何?"

管、晏即管仲和晏婴。管仲何德何能,几百年后仍被视为旌旄?

管仲字仲,颍上人,春秋时期法家代表人物,是中国古代政治家,军事家,被誉为"法家先驱""圣人之师""华夏第一相"。

齐桓公上任后,请鲍叔牙举荐人才。鲍叔牙告诉齐桓公:"君且欲霸王,非管夷吾不可。"在鲍叔牙的强烈推荐下,齐桓公决定原谅暗杀自己的管仲,对其委以重任,并尊称他为"仲父"。

管仲感恩齐桓公不计前嫌,拿出毕生所学辅佐齐桓公。因此针锋相对的仇人,成了配合默契的君臣,携手踏上了"强齐"的道路。

齐国的日渐强大,引起邻居楚国的不安,常常在接壤的齐国边境骚扰。齐国将领纷纷请求向楚亮剑,挫其锐气。

在古代,"兴兵"乃国家大事,齐桓公一时犹豫,只好与管仲商量。

管仲问道:"大王,此次攻楚,您准备了多少军饷和粮食?"

齐桓公说:"我计划派出十万齐兵,并一次性拿出五千万钱财,如何?"

管仲自信地说道:"我有一计,不费一兵一卒,也可省去大半钱财,只需要等待半年,楚国危机自可解除,不知齐王愿意等否?"

"不战而屈人之兵是好事,寡人愿等",齐桓公当即答应。

接着,管仲将具体的谋划一一告知齐桓公,即只需以国君的名义先后做两件事,齐王狩猎,高价求鹿;饲养众鹿,重金购粮。

齐国商人接到齐王的命令后,纷纷来到楚国买鹿。由于楚国密林遍布,符合鹿的生活习性，随处可见。

楚国百姓与齐国商人交易之后，得到了高出传统交易一倍的利润，因此，一些百姓开始辍耕，专职前往深山捕鹿。很快，越来越多的楚国百姓放弃劳作，前往深山，甚至楚国的士兵和大臣也都加入捕鹿的行列中来。

而此时的楚国国王丝毫没有意识到危险的降临，反而因为对齐"贸易出超"的形势而沾沾自喜。

在楚王看来，齐国国君"高价寻鹿"的举动，恰恰证明了他"荒废朝政，醉心狩猎"的事实，认为齐桓公是个"荒唐"的国君。

看到活鹿有如此价值，楚成王下令："百姓在耕作之外，可投入捕鹿行动中，依靠剩余资源，为楚国积累铜币。"

但是，捕鹿上瘾的老百姓只听到了后半句，几乎"无心耕种"。一时之间，楚人捕鹿成风，而地里的庄稼却开始荒芜。

三个月后，庄稼彻底错过了耕种的时令，齐桓公下令齐商在楚国及其周边国家暗中收购粮食。

齐商在收购粮食时，仍然向百姓许以高价，因此楚国和周边国家，纷纷把余粮卖给了齐国。

正当楚成王为国库充实而喜不自禁时，齐桓公突然暂停收购活鹿。不仅如此，他还下令关闭齐楚之间的贸易通道。

这时，楚国百姓急忙把目光重新放回土地，却错过了时令，哪里还有庄稼的影子。几天之后，楚国开始出现粮食危机。

百姓们向楚成王求救，无奈之下，楚成王向周边国家高价购粮，但周边国家的余粮已经全部被齐国买去。此时，楚国君臣才意识到上当。

齐桓公得知楚国出现内乱苗头，决定立即出兵，管仲拦住："此时的楚国已经走投无路，反抗是死，不反抗也是死，此时出兵他会采取'玉碎'政策，我们反倒被动。"

齐桓公不解："我们半年来的谋划，不就是出兵攻打楚国吗？"

管仲解释道："'打'不如'困'，'杀'不如'引'，此时楚国百姓心中的怨气达到极点，如果我们向那些愿意归顺的百姓打开国门，楚国军心必乱。"

管仲所料不虚，楚国百姓得知齐国愿意"开仓赈济"后，携家带口前往齐国。据统计，此次由"楚"入"齐"的百姓大约占楚国原有人数的四成。

等到楚国王室和士兵泄气后，齐桓公联合中原其他国家，讨伐楚国。

由于国力和军心皆处于下风，楚国不战而降，与齐国签订《召陵之盟》，不仅向齐国献出大量城池，甚至向齐俯首称臣，成为齐桓公称霸道路上一次完美的胜利。

之后，管仲采用同样的办法收服了衡山国。

衡山国是齐国与鲁国中间的小国，虽然弹丸之地，但依托国内的矿产资源，成为春秋时期各国的武器供应商。

齐桓公认为，想要称霸，必须控制兵器，而控制兵器的前提则是让衡山国成为自己的附属国。

根据衡山国与齐国的兵力对比，齐国想要侵吞衡山国不过小事一桩。但是，占据衡山国意味着切断了其他国家的兵器供应，势必会遭到周围势力的记恨。

于是齐桓公向管仲询问计策，管仲回道："可以采取对待楚国的方式收服衡山国，衡山国位置特殊，必须让衡山国国民主动投入齐国，其他任何方式都会遭到鲁国等国的阻止。"

齐桓公下令，向衡山国高价订购武器。

齐国商人前往衡山的消息传出后，引发了燕国的恐慌，作为齐国的宿敌，燕国时刻盯着齐国军队的异动，于是燕国国君下令也向衡山订购兵器。

齐燕下场后，代国、鲁国、秦国等国家纷纷前来订购。

衡山国君大喜过望，由于各个国家都在订购，衡山国君只把这当做军备竞赛，没想过这是一场完全针对衡山国的阴谋。

衡山国君下令，全国百姓投入到锻造兵器的活动中。之后，一切按照既定的谋划进行，管仲开始命人暗中收购粮食。

在确保周边国家没有可供销售的多余粮食之后，齐国停下了订购武器的活动，其他各国见状也都停了下来。

回过神的衡山国面临粮食短缺，而其他国家的余粮早就落到了齐国手里。最终，齐桓公以相同的方式再次降服衡山国。

不久之后，管仲采用相同的办法，用高价收取绨衣的方式，诱骗梁国和鲁国。

皆因无粮，四国臣服，管仲用一招为齐桓公的霸业打下坚实基础。

精要絮语

管仲能够弹指间让一个诸侯国灰飞烟灭，也能够点石点草成金，都体现在"仓廪实而知礼节，衣食足而知荣辱"（《史记·管晏列传》）的理念中，因此成为一代名相。

## ⊙ 范蠡救子还是害子？

早年读书，经常读到"陶朱事业，端木生涯"，顿觉古意森然，渐渐才知，这"陶朱"即是越国名臣范蠡。而这八个字也成为旧时中国商人常常挂在店铺中的座右铭。

陶朱事业名垂千古，只是聪敏睿智如他，也难免遭遇世事无常，留下不可言说的遗憾。

范蠡虽家贫，但自幼好学，特别是跟随大商人计然学习谋略，很快就满腹经纶，文韬武略，无所不精。

公元前496年前后，范蠡终于走出家乡，一个人来到越国，很快得到了越王勾践的赏识，没过多久，他又把自己的老朋友文种请来，一同辅佐越王勾践打败吴王夫差。完成这一宏愿，范蠡功成身退，离开越国，来到齐国。

他给文种写信，也劝他离开："飞鸟尽，良弓藏；狡兔死，走狗烹。有些人只能共患难，无法同享乐，你趁早离开吧。"

文种见信后正在思考如何离去，却被范蠡言中——被越王赐死自杀。

范蠡的这种料事如神，并不只用在军事和商业中，就连平常生活也被他看透，只是有时他看破不说破。

范蠡一生，总共迁移了三次，最后定居陶地（今山东菏泽一带），自称陶朱公。全家人耕种、畜牧，等待时机转卖货物。没过多久，就积聚了大量财产。

范蠡共有三个儿子，来陶地之前已有两个儿子，只有小儿子在陶地出生。

小儿子成年后，二儿子却在楚国因杀人被囚。虽然杀人偿命天经地义，但范蠡还是准备让小儿子携带重金前往楚国尝试营救。他装了黄金一千镒，藏在褐色的器皿中，用一辆牛车载运。

长子得知父亲的想法，坚决请求自己去救弟弟："弟弟犯罪，父亲不让我去，却派小弟去，这说明我无能。"并以自杀相逼。范蠡妻子劝告说："现在派小儿子去楚国，未必能救下二儿子。可是长子要自杀，要白白丧命了，这怎么行！"

范蠡只好改派长子去，并且让儿子带了一封自己的亲笔信，捎给从前的老朋友庄生，他叮嘱长子："到楚国后，马上把千金送到庄生住处，一切都听他的，千万不要跟他争论。"长子走时，自己也带了几百镒黄金。

到了楚国，长子立刻去见庄生，发现他的房子背靠外城墙，要拨开满地的杂草才能走进他破旧的家。他按父亲的吩咐送上书信和千金，庄生说："你该回去了，千万不要继续留在这里，即使你弟弟被放出来，也不要问为什么。"

长子离开庄生家，但并没有按照庄生的话做，而是偷偷留在楚国，把他自己携带的黄金送给了楚国当权的贵族。

庄生虽然身在陋巷，却因廉洁正直、品行高洁而闻名全国，包括楚王在内的全国民众像尊重老师一样尊重他。范蠡送给他的黄金，他并不准备接受，而是想等事情办成之后，再物归原主，以示信用。他告诫妻子："这是陶朱公的黄金。如果我突然病死，来不及返还，你一定要记住归还原主，千万不要动用。"

庄生找了个适当时机，进宫拜见楚王，告诉楚王最近几天，天上的星宿移位，这种天象对楚国有害。楚王向来相信庄生，忙问计策，庄生说："只有施行恩德，才能消除灾害。"楚王说："先生不用说了，我马上就推行恩德。"

楚王派人把国库严密地封闭起来。那位接受范蠡长子黄金的贵族听说这事，立刻惊喜地告诉范蠡的长子："国王准备大赦全国，你弟弟有救了！"

长子不解："何以见得？"

"国王每次实行大赦之前，都要先封闭国库。昨天晚上，国王派人封闭了国库。"

长子听了，心想：楚国既然大赦，那么弟弟自然会被释放，可惜那一千金，白白送给了庄生……

他犹豫再三又去见了庄生。庄生惊讶地问："你怎么还没有走？"

"当初为弟弟的事而来，现在听说国王要大赦，弟弟自然会被放出来，心里高兴，所以特来向先生告辞。"

聪明如庄生立即明白他是想收回黄金，就说："你自己进屋，把黄金都拿走吧！"范蠡的长子于是取走黄金，心底里暗自庆幸。

庄生被小辈戏耍，心里不舒服，于是又进宫见楚王："我上次说的星宿移位的事，大王说想修治德政来改变它。我今天在外边走，听路人都在议论纷纷，说陶地富人陶朱公的儿子杀了人，被囚禁在楚国，他家拿出很多钱来贿赂大王身边的人，所以大王并不是因为体恤楚国百姓而实行大赦，而是因为要找理由释放陶朱公的儿子。"

楚王大怒说："我虽然没有什么大德大行，但怎么也不至于因为陶朱公的儿子而大赦啊！"于是就命令先杀掉范蠡的儿子，然后才下达大赦的命令。

长子只好带着弟弟的尸体回到陶地。

家人看到尸体伤心至极，只有范蠡独自发笑。

原来他早就料到这个结局，他说："我就知道他肯定会置弟弟于死地！他并不是不爱护自己的弟弟，只是他太看重钱。他小时候跟我一起吃过苦，知道谋生艰难，所以过于重视金钱。而他的小弟弟，生下来看到的是家财万贯，乘坚车，驾良马，根本不知道钱财是如何来的，所以他才挥金如土，毫不吝惜。我之所以派小儿子去，就是因为他舍得花钱。而大儿子却做不到，所以害了他弟弟，这些都在我的预料之中，没有什么好悲伤的。我早就日日夜夜地等待着，等他把二儿子的尸首运回来。"

是谁害死了二子？是长子，但决策者是陶朱公。

他能否向长子讲清利害，让长子及时听庄生的话回到陶地，这样三个儿子就都能保全呢？

显然不会。因为他太了解长子。派长子去，次子亡；少子去，长子亡，时运至此，范蠡已臻化境，看来他没想逆转。

### 精要絮语

世间事，智者有时也无可奈何。智慧如范蠡，明知事情的结果，却也无能为力，作为常人的我们能做的就是允许自己犯错，莫对自己过分苛求。

## ⊙ 桓公想食人肉，他以四岁儿子献祭

中国历史上，若论庖厨祖师，谁能比易牙呢。

春秋齐人易牙，齐桓公的御用厨师，在两千多年前，就知道用美食征服上司的胃了。

宰相管仲早就看透易牙"乃奸佞之人"，提醒齐桓公遣走，否则必酿成大错。

然而，易牙的死党竖刁却在齐桓公面前苦苦相留："主公，若遣走易牙，谁来替您做美味佳肴呀？"

齐桓公竟把管仲"出卖"，告诉竖刁，易牙必须离开，至于厨师再找一个便是。

"易牙的烹饪手艺天下无双，再也没有人能超过他。"竖刁仍不放弃，说道，"念在易牙侍候主公尝遍天下美味佳肴的份上，臣恳求主公给他最后一次机会，让他再给主公做一道菜。"他看了齐桓公一眼："主公吃完这最后一道菜，如不可口，再遣走不迟。"

得到齐桓公的同意，易牙回到家菜饭不思，苦苦琢磨这决定命运的"最后一道菜"。

关键是，易牙哪甘心于一个小小御厨！他有更为"远大"的政治理想，渴望更高的官位，而厨师只是眼下的一个跳板，虽微小，却是留在大王身边的唯一理由。

他绞尽脑汁，心想：天下美味都做过了，也把主公的口味养刁钻了，做什么才能让他留下自己呢？

突然，他想起前些时候给齐桓公做过一餐"鱼腹裹羊"。易牙亲自到淄河网了几尾活鲤鱼，又到羊圈宰了只刚降生的羔羊，精心烹制了一道"鱼腹裹羊"。齐桓公同蔡姬吃过"鱼腹裹羊"这道菜后，惊叹地说："寡人真是口福不浅，'鱼腹裹羊'乃人间极品！这世间，除了人肉寡人未曾尝过，已经吃遍天下所有美食了！"

对，人肉！

可是，到哪里去找人肉呢？市场上买不到，难道要……杀人？

易牙浑身一抖。杀……谁呢？府内仆人倒是有几个，可是杀一个仆人，肉不鲜不说，主公也看不出自己的忠心呀？那么只有将自己的亲人杀给主公吃。

易牙的亲人只有两个，一个是妻子，另一个就是儿子易聪。杀妻子还是杀儿子？

易牙翻身下床，抽出挂在墙壁上的短剑，用手指试了试剑刃，两眼冷酷地看着熟睡的妻子。转念又一想，儿子比妻子重要，自己留下重要的，杀掉相对不重要的，就证明自己存有私心；要想体现忠心，就必须将自己最心爱的东西献出来。易牙心一横、牙一咬，转身走进儿子的卧室。

儿子稚嫩的小脸被月光晕染，越发可爱。那可是自己在这人间的至爱啊！看着唯一的宝贝儿子，易牙泪水直流，怎么可能忍心杀死自己的骨肉呢？

可如果不杀，前途没了，家能好到哪里呢！

想到这里，他举起了手中的剑。

无毒不丈夫！要成就轰轰烈烈的大事业，怎么能如此儿女情长呢？想到这里，他走到儿子的床边，伸出左手捂住儿子易聪的嘴巴，右手举起短剑，一闭眼，剑锋刺进儿子的胸膛……

第二天中午，易牙提着烹好的一陶罐人肉羹进宫，竖刁早在门口等候，见易牙提着陶罐走过来，上前问道："什么菜？"

"童子羹！"易牙有些哀伤地说。

"什么？"竖刁惊叫道，"童子羹？"

"实在没有办法。"易牙无奈地说，"主公说过，他已吃遍天下美味，唯人肉未曾尝过，我只好杀了儿子易聪，烹了一罐童子羹送来。"

竖刁惊得目瞪口呆，半天说不出话。

"愣着干什么？"易牙推了竖刁一把，毅然决然地说，"走，进宫去，成与不成，在此一举。"

两人一起进宫，易牙献上冒着热气的人肉童子羹。

齐桓公尝了一口，称赞道："好香、好鲜呀！寡人从来没有喝过如此鲜美可口的汤。"他一连又喝了几口，问道："爱卿，此汤用何肉烹制，怎么如此鲜啊？"

易牙泪流满面，扑通一声跪在齐桓公面前，泣不成声地说："主公……"

齐桓公一惊，看了竖刁一眼，疑惑地问："怎么了？不就是一道菜吗？"

竖刁在旁奏道："易牙为了让主公尝遍人间百味，将自己的儿子杀了，做成这道佳肴童子羹，敬献给主公品尝。主公，易牙对主公的一片忠心，苍天可鉴呀！"

易牙上前说："为了主公，易牙剖腹剜心也心甘情愿！"

齐桓公大为感动，扶起易牙："爱卿对寡人如此忠心，实在难得，实在难得呀！"

竖刁试探地问："主公，易牙能留下来吗？"

齐桓公对易牙说："你对寡人如此忠心，寡人不能没有你，留下来吧！"

竖刁、易牙二人向齐桓公叩头谢恩，欢天喜地退出来。

管仲惊闻易牙烹子之事，心里异常震惊，更加坚定此人乃大奸。不过，这时管仲已至残年，病患缠身，齐桓公去探望他，询问他谁可以接受相位并提出鲍叔牙这个人选，管仲诚恳地说："鲍叔牙是君子，但他善恶过于分明，见人之一恶，终身不忘，这样是不可以为政的。"

齐桓公又问："易牙怎样？"管仲说："易牙为了满足国君的要求不惜烹了自己的儿子以讨好国君，人性何在？不宜为相。请国君务必疏远易牙等人，宠信他们，国家必乱。"

之后，齐桓公把易牙等三人逐出朝廷。

三年后，齐桓公越来越食不甘味，没忍住又把易牙召回宫。

谁知竟被管仲言中，第二年，齐桓公病重，易牙伙同竖刁等人谋反，此时齐国霸业不再，齐桓公大业果然毁于易牙之手。

### 精要絮语

为达目的，不择手段，易牙杀子取悦国君以谋取前程，今天听来或许夸张，但古往今来，在权势的照妖镜面前，显形的人不在少数。

## ⊙ 黄金千两与季布一诺

在《史记·季布栾布列传》中，有这样的句子："曹丘至，即揖季布曰：楚人谚曰'得黄金百斤，不如得季布一诺'。"

仅凭这句话，后人在千百年间，就把季布当作一个"性情耿直，为人侠义好助，以信守诺言、讲信用"而著称的人。

可是，季布的"诺"具体表现在哪里？诺给了谁？有何事例？《史记》中并无说明，只是凭名声不够好的曹丘一句话，就给季布下了定论，后人还据此引申出一个成语——一诺千金。

楚汉相争时，季布本是项羽属下一名大将，在一次追杀刘邦的战事中，刘邦带残兵逃到留县地界，刚庆幸自己逃过一劫，却听后面马蹄声传来，楚王的兵马喊杀声如暴风般卷来，楚王队伍中最前面一将正是季布。

刘邦见势危急，只得上前道："久闻季公乃侠义之人，何故苦苦相逼？"

季布坦率地说："两军相争，各为其主，乃不得已为之！"言毕，即挥动大刀直取刘邦性命。危急时刻，汉将夏侯婴赶来救护，等季布招架了夏侯婴再寻刘邦，早已人影皆无。

也是天助刘邦，经路边一老翁帮助，骗过了季布。

后来刘邦称王，每想起睢水之战，被季布死命追赶如丧家之犬，羞愤异常，暗自思忖：那项羽手下的将士，能够兴风作浪的有两人，一为季布，一为钟离昧。现在好了，朕得了天下，岂能放过季布，待朕抓到你后，非要将你剁成肉酱，方才泄恨。

想到此，发榜一道，以千金之赏，缉拿季布，如有藏匿不报者，罪及三族。

捉拿季布的榜文一经发出，哪一个不思得赏！这日恰逢朝会，夏侯婴便引了季布入朝。

朝中沛县旧臣中，多有识得季布的，顿时满堂哗然。

季布趋近御座前，向刘邦坦然叩首请罪："罪臣季布，有逆天威，藏匿至今方出首，甘受陛下惩处，绝无怨言。"

刘邦忙道："还说这些做甚？平身，平身！自垓下一战，不见你踪迹，你倒是如何活过来的？"

季布便将数月来的颠沛情状，逐一述说。刘邦与众臣听了，不胜唏嘘。

樊哙按捺不住，忍不住道："垓下那时，何不便降了，却要吃这苦头？"

季布叹道："垓下逃离，即已无颜对项王，岂能旦夕间便降汉？且季某斩杀汉兵甚多，恐罪不容诛耳。"

刘邦道："岂止是折损我家儿郎？我刘季这条老命，也险些丧于你手！"

此话一出，殿上便是一片肃静，众臣面面相觑，不知刘邦将有何旨意。季布则伏于地，心中全无生死之念，听凭发落。

刘邦开颜一笑，离座将季布扶起："好了！你既知罪，前来出首，朕又岂能计较前嫌？你在楚地，人望甚高，我偏不教你作伍子胥，免得我留下千秋骂名。你既来投，权且先做郎中吧，为我近身护卫。职分眼下虽低，然来日方长，前程未可限量。"

季布闻旨，不由涕泗横流，急忙推辞道："亡国之臣，不堪任事，蒙陛下免赐死，便是大恩，岂望得官乎？"

"季布，我汉家冠戴，如何便入不了你的眼？辞官不受，可是仍心怀楚德？"

"不敢！唉……"

"朕倒要问你，当日在睢水，何以追赶我甚急？"

"无他，彼时臣效力于项王，唯恐追敌不力。"

刘邦便大笑："正是呀！朕唯怜你忠心，故而授职，你若再扭捏不肯，便是作假了。昔在楚，你职分所在，追杀我到半死，然与汉营诸人并无私怨，故可无虑有人报复，用心履职便是。"

这一幕，在八百年后重现，即玄武门事件之后，太子李建成的重臣魏徵投入新皇帝李世民麾下。

当然，客观地说，既然楚地对于季布的品行如此恭敬，至少说明季布是守信的，否则民间不会讹传，由此可以断定：季布是个忠诚之人。

此时季布再受重用的消息，震动朝野。一个昔日同乡曹丘，惯于趋炎附势，擅长辞令，借重权势而获得钱财，季布一向蔑视他。这时，曹丘去见他俩共同的好友窦长君，请求为他引见季布，被窦长君劝告："季将军不喜欢您，您不要去。"

曹丘执意求见，带着窦长君的介绍信来找季布，季布见信果然大怒。但这曹丘却不愿放弃，不管季布的脸色多么阴沉，话语多么难听，对着季布尽显恭敬之态，并一通恭维："我听到楚地到处流传着'得黄金百斤，不如得季布一诺'这样的话，您能获得这样的声誉怎不令人敬仰呢？我们同为楚地人，由于我到处宣扬，使得天下人都知道您的名字，难道我对您的作用还不重要吗？您为什么这样坚决地拒绝我呢！"

季布听到曹丘的话，非常高兴，请曹丘留宿数月，把他作为最尊贵的客人，并送他丰厚的礼物。由于曹丘的不断宣扬，季布的名声越来越响。

### 精要絮语

阅读《史记》，愈发感觉这是一本很客观的书，只作本色呈现，不做道德评判，让读者自己去认识历史上的每一个人，或许就是太史初衷了。

## 杨震："四知太守"

贞观六年，李世民"气疾"发作，魏徵等大臣建议皇上前往九成宫避暑。

九成宫位于陕西省宝鸡市麟游县，如果按清朝的地位，九成宫相当于那时的承德吧。

君臣一行路过华阴潼亭，但见一处松柏阴郁之地，李世民问大臣："这是什么地方？"

魏徵答："回陛下，这是东汉太尉杨震的墓地，陛下下马歇息一下？"

李世民应声下马，大队人马在原地休息，他问魏徵是否知道杨震的故事，魏徵答："略知一二。"

李世民面对众臣说道："那就不要谦虚，讲给大家听听。"

一众君臣，停在杨震的墓前，听魏徵讲起一代谏官的悲惨一生。

东汉华阴人杨震，出身贫困，因父早逝，自幼与母相依为命，虽家境困苦，却勤业好学，通晓《尚书》，世人赞其"时经博览，无不穷究"，誉为"关西夫子"。

直到50岁时，杨震才走上仕途，历任荆州刺史、涿郡太守、司徒、太尉，主掌全国军政要职。

当年他在荆州任上，发现属下王密才华出众，便向朝廷推荐王密做昌邑县县令。数年之后，杨震调任东莱太守路过昌邑县，晚上下榻驿馆。夜深人静之时，王密怀揣十两金子前往驿馆相送，以谢杨震当年知遇之恩。杨震拒而不受，说："作为老朋友，我是了解你的，可你不了解我。"

王密急切之下说："天黑，无人知晓。"杨震正声说道："岂可暗室亏心，举头三尺有神明，此事天知、地知、你知、我知，何谓无知？"王密一听，羞愧难当，只好收起金子，谢罪而去。

此事传开，大家称赞杨震为"四知太守"。

后来王密调任涿郡太守，对杨震的教诲谨记在心，奉公廉洁，成为一代清官廉吏。

杨震做官时，有人建议他为子孙置办产业，杨震回答："清官的名声，就是子孙最丰厚的产业。"

杨震一生忧国忧民，洁身自爱，却屡遭佞臣诬陷而罢官，自杀身亡。

时值汉安帝在位，安帝的乳母王圣，刁钻小人，极尽挑拨谗谄，参与废太子等事，一度专权。

杨震向安帝进言："阿母王圣，得以奉养圣上，虽有养育陛下的辛勤劳苦，但陛下对她前后所封赏的财富荣耀，已远远超过了她的功劳。她不感恩自律，反而贪得无厌，经常交际朝臣，接受贿赂、请托，扰乱天下，损毁朝廷清名。"杨震引用《尚书》《诗经》《春秋》《易经》等理论支撑，意图说服安帝管教王圣。

可是昏庸的安帝，不但不接受劝诫，反而转身就将此事告知了王圣。从此王圣对杨震怀恨在心。

王圣的女儿伯荣，因为与丈夫刘护的堂兄刘瑰通奸，刘瑰也是趋炎附势之人，于是娶伯荣为妻。安帝竟让刘瑰承袭了刘护的爵位，杨震坚决反对，再次向安帝进言："臣听说过去高祖皇帝执政时曾与群臣相约，不是有功之臣不得封侯拜爵。"安帝把头一转，不予理睬。

公元123年，杨震升任太尉。安帝的舅舅多次向他推荐自己的两个亲友可以委以重任，但都遭到杨震的拒绝。可是司空刘授听说后，马上向安帝举荐了这二人，并且十天之内这二人都被提拔，杨震更加遭怨。

王圣大肆建造房屋，中常侍樊丰和侍中周广、谢恽等推波助澜。杨震再次上疏："臣听说耕种九年必有三年的储备积蓄，当年尧帝遇到洪水灾害时，百姓照样有饭吃，有衣穿，不受饥饿折磨。臣适才看到陛下下诏为阿母在津城门内大建府第，将街道都占完了，加之现在国库资金短缺……不是很不合时宜吗？"

安帝置若罔闻。樊丰、周广等人见安帝并不接受杨震接二连三的苦谏，于是更加肆无忌惮，趁安帝东巡泰山之际，编造假诏书，调拨国库钱粮和现成的建筑木材，大兴土木，争相扩建自己的房屋、园地、庐观，花费人力、财力不计其数。

朝廷的昏庸令天下志士无比激愤，河间郡有一男子赵腾，到宫门上书，批评朝政。安帝阅后非常生气，下诏将赵腾抓捕入狱，以诬陷之名将其斩首。

杨震多次上疏安帝营救赵腾，言辞激切，渐渐地将安帝激怒。樊丰、周广等人加紧陷害、诬告杨震。汉安帝不辨清浊善恶，下诏收回了杨震太尉印绶，罢免了杨震的官职，遣送杨震回归故里。

杨震接诏后，立即动身返乡，京师为之震动。杨震悲愤地对前来送行的众人说："人都有一死，我不在乎。但我痛恨的是，那些狡诈奸猾的贪官污吏却不能被诛杀清除，祸国乱政的女人不能被禁止杜绝。我死后要用下等杂木做棺材埋葬，只要裁一块能盖住尸体的布单就行了，不要运回祖宗坟墓，不要祭祀。"而后饮鸩而卒。

樊丰等人仍不放过他，派人在陕县截住杨震的灵车，并将灵车露停道旁，任之日晒雨淋。杨震的几个儿子则被罚做苦役。

幸而杨震去世不久，安帝驾崩，汉顺帝即位，处死了罪大恶极的樊丰、周广等奸臣贪官，为杨震申冤昭雪，并任命杨震的两个儿子为郎官，赠钱百万，以礼改葬于华阴潼亭。

改葬这天，一只大鸟飞到杨震丧前，俯仰悲鸣，泪流湿地，直到下葬之时，大鸟才飞去。当时灾异连续出现，汉顺帝感悟到杨震的冤屈，下诏："已故太尉杨震，正直为怀，使他辅佐时政，而小人颠倒黑白，陷害忠良，上天降威，灾害屡作，求神问卜，都说是杨震枉死之故。山岳崩塌，栋梁折断，是多么危险啊。"

远近百姓络绎不绝都来参加葬礼，纪念这位清正廉洁、疾恶如仇、敢于直谏的好太尉。

李世民听完这样的清官故事，更加珍惜眼前的魏徵了。他对众臣说："我们给杨震立块碑吧。"

众臣附和，魏徵问："可这碑文由谁来书写呢？"

李世民大手一挥答道："朕写，来啊！笔墨伺候。"

第三章　臣子的挣扎：贤与奸的纠缠，忠与逆的对决

说罢，李世民略一思考，挥笔写下八个大字：汉代清官，虽死犹生。下缀：贞观六年孟夏大唐皇帝御笔。

精要絮语

李世民慕廉向正，以杨震鞭策自己，成就贞观之治。杨震一生坎坷遭遇，他作为清官、廉官的形象永远流芳后世。

## ⊙ 天意洛阳宫

大唐极盛之时，一日唐太宗李世民与谏议大夫魏徵谈古论今，并讨论一件事："朕最近想修缮一座宫殿，材料已经备齐，但一想阿房宫、隋炀帝这些往事，心里就没底了。"

魏徵问是哪座宫殿，李世民答——洛阳宫。

洛阳是东汉都城，隋炀帝大兴土木，修建了许多宫苑亭台，称为"紫薇城"。隋时规模之大，耗费之多，前所未有，可惜许多宫殿尚未完工，隋就亡国了。唐开国之后，高祖改为洛阳宫，但一直闲置。贞观四年，唐太宗为使长安与江淮、山东等地往来方便，诏命在洛阳宫修建乾元殿以作行宫，不料立即遭到大臣们激烈反对，只好作罢。贞观七年，太宗想再修，结果陕西、河南一场暴雨淹没了洛阳，损失惨重，又没修成。

此时贞观盛年，国泰民安，皇上遂起修缮之念。

按常理，李世民贵为一国之君，修个小小宫殿，何须问计大臣？

皇上的情态，小心翼翼，倒像个臣子。这一切皆因魏徵在初唐时期的特殊作用，他的刚直不阿，不徇私情，让皇上对他言听计从，特许他"随时随地"得见龙颜。"洛阳宫事件"之前，魏徵已多次阻止皇上——秦王破阵舞、丽质公主大婚、泰山封禅……好在每次都化险为夷，事后皇上对魏徵倍加珍惜和爱重。此次皇上动议修缮洛阳宫，他明白若有反对声音，只能来自魏徵，如此才有犹疑乃至伏低之态。

魏徵听后，为皇上对自己的顾虑深感不安。魏征考虑当下国库充裕，也无战事，洛阳宫长时间风残日蚀，年久失修，于是赞同修缮。皇上闻之大喜，命魏徵为钦差大臣，监修洛阳宫。

领命后的魏徵兢兢业业，精打细算地监工。

一天夜晚，邻近洛阳的荥阳突发强烈地震，损失惨重。魏徵只好抱着"将在外君命有所不受"想法，来个先斩后奏。这个一直以来屡屡"犯上"的"死心眼儿"，多次在大殿之上"一票否决"，这次督建洛阳宫，当地震突发，他灵机应变，连夜以皇上之命，命令停修洛阳宫，并擅作主张，不但"挪用公款"，还把人力物力迅速调往荥阳救灾。

却不知，朝臣权万纪悄悄将这一切密报李世民。

皇上一气之下要治罪魏徵，怒骂道："这个匹夫，朕让他监修洛阳宫，他却自作主张，把修建宫殿的人财物都运到了荥阳，简直无法无天！"

如果说皇上嫁女和泰山封禅是冒死进谏，而洛阳宫事件就是胆大妄为的"欺君之罪"了，加上"假传圣旨"，理应罪加一等，李世民决定亲自到荥阳兴师问罪。

皇家队伍从长安一路到荥阳，李世民怒气冲冲，大有要让魏徵吃不了兜着走的念头。

快到荥阳之前，忽有兵士禀报："有百姓挡驾。"

皇上一惊，以为百姓遭难要向皇上请求救济，于是让兵士前去探问。没等兵士回来，就见不远处跪倒大片灾民。原来，由于魏徵救灾及时，灾民又得知皇上亲临灾区，纷纷拦驾三呼万岁，感谢皇上开仓放粮、爱民如子、停修自己的宫殿来为灾民修房盖屋的大恩大德……灾民把魏徵所做一切全部当作了皇上的恩德。

气冲冲的李世民见此情景，百感交集，面对前来请罪的魏徵，在一阵复杂而奇妙的心理活动之后，故意板起面孔，掩面偷乐。

他立即逆转，转"问罪"为"奖赏"，几乎喷怒着问魏徵："此次荥阳地震，朕命你全权处理一切救灾事务，难道你想贪天之功据为己有吗？"

魏徵立即心领神会答道："微臣不敢。臣在灾区所做的一切都是按旨所办，皇上和朝廷的恩泽，灾区各级官员和百姓无不感激涕零。"

## 第三章 臣子的挣扎：贤与奸的纠缠，忠与逆的对决

在场官员和百姓再次三呼万岁。

当夜，李世民下榻洛阳长生殿，与魏徵促膝长谈。谈到突如其来的地震，谈到洛阳宫的"命运多舛"，皇上感慨："哎！难道这是天意吗？"

闻听"天意"，魏徵对皇上讲起他亲历的一件事。贞观初年，朝廷给魏徵派两个随侍，几年后举国裁减人员时只能保留一个。谁去谁留？有一天晚上魏徵刚刚睡下，听到那二人在窗下争论，一个说："我俩的官职，全在此翁。"另一个则说："全在天意。"第二天，魏徵写了一封信交给那个说"全在此翁"的人，让他送到吏部，意在留下此人。可是这个人不知内情，出了门就让那个说"全在天意"的人送去了，结果"天意"得以留任，而那个说"全在此翁"的人反而被打发回乡……

皇上说："看来天意真是难违啊！"

魏徵话题一转："秦皇嬴政穷奢极欲，在骊山修建阿房宫，绵延数百里，民怨沸腾，尚未完工就让项羽一把火烧了；隋炀帝步秦皇后尘，大肆修建洛阳宫，激起民变，亦落了个家国俱丧的结局。两代而亡的悲惨下场……"

至此，君臣二人心明若镜。

李世民说："朕明白你说的道理，洛阳宫能修则修，若不能修就再放一放吧。"

洛阳市隋唐遗址公园内的明堂（左侧为天堂）

这一放，一放千年。1986年，洛阳市发现了武则天时期薛怀义所建的明堂遗址，这里即为贞观之时的洛阳宫区域。2010年，明堂和天堂矗立在洛阳

市隋唐洛阳城国家遗址公园内,也算千年天意。

> **精要絮语**
>
> 原来,在历史的夹缝中,真的存在"天意"。正如洛阳宫,一路搁置,演进为今天的"明堂"。

## ◉ 马周:从门客到重臣

贞观初年,李世民与长孙皇后到九成宫避暑,留太子李承乾监国,太子少师李百药和张玄素辅助。

一日,太子退朝回到东宫,两位老师夸赞太子在朝堂之上"得心应手,游刃有余",太子也一脸得意。他立即提议:"父皇总说我生在深宫,长在妇人之手,不了解民间疾苦,我想明天就到外面微服私访,二位老师可否陪我一同前去!"

老师们立即反对:"太子殿下留在京城监国,京城不可一日无主!"

"那就在长安城内走走。就这么定了!"听太子这样说,二位老师才答应下来。

第二天,太子只带了几位文官武将,走在长安的大街小巷。中午时分,众人饥肠辘辘,来到一家波斯风格的餐馆,名为"波斯居"。太子嚷着:"整天在深宫吃饭,本太子早就想尝尝'民间疾苦'的味道了!"

波斯居的餐饮间安排在"素居斋"。太子一行人点好酒菜,边吃边聊,忽听屋角一阵吵闹,只见伙计与一位客人争执不休。

客人质问伙计:"我今日的店钱付了没有?"

伙计答:"付了。"

但伙计同时告诉客人,本店生意太好,若客官明日继续住店,须预付两日店钱。若不预付,翌日则无房可住。

客人顿时恼怒:"这么说,我若不付店钱,你今日就要赶我出门吗?"

第三章　臣子的挣扎：贤与奸的纠缠，忠与逆的对决

太子一行人的目光纷纷转向那位客人，客人30多岁，相貌堂堂，谈吐不凡，虽显穷困，却不卑不亢，有理有节，一脸肃俨之相，双目澹然有神。

饭店老板闻声走来，询问情况，只见客人答道："鄙人马周，祖居博州。近日游历京城，身上带钱不多，因此惹下这些无谓的口舌。"

老板拱手道："不妨，不妨，我看客官面相亦善，即使没钱也可继续住本店，只要不嫌简陋。至于店钱，待你将来有了钱还上就是，若没有也无关系，权当老夫有了你这个忘年交。"

马周大为感动，拱手道："鄙人感激先生的盛意，只是若不能付店钱，也不会厚着面皮在这里住下的。唉……"

他最后的这声长叹，道出了心中无尽的苦闷，还兼有一分不甘心。

原来，这马周生于博州茌平，自幼失父，孤儿寡母艰难度日。他生性旷达，幼时即不为环境所困，嗜好读书，四岁时能熟背《诗经》《春秋》，一时被乡里传为奇谈。

然而，马周也有一个弱点：酗酒。因为酒惹了不少麻烦，这才辞别家乡，一路向西，来到长安，希望能有王侯将相看重自己的才华，成就一番事业。

老板问道："马兄弟，老夫见你仪表非凡，又是正当年龄。当今朝廷招贤纳士，定有用人之处。"

马周昂然道："鄙人虽为一白丁，却也通晓诗书，兼知文史，察时观事，能撰文章，只是苦无际遇，所以困窘至今……"

这时，太子的随从中有一位武将名叫常何，向马周投去激赏的目光。

常何曾跟李世民出生入死，立下汗马功劳，但仅擅于舞刀弄枪，窘于不通文墨，一直吩咐下人，留意来京的能人，招些文人墨客，以为智囊。

"先生若不嫌弃，请到鄙人门下。"常何站起，拱手道。

一拍即合。马周成为常何的门客。

"茌平人马周，客游长安，舍于中郎将常何之家。六月，壬午，以旱，诏文武官极言得失"。（《资治通鉴》卷一百九十三）

一日，马周在常何家二人对弈，看到常何闷闷不乐，问："将军有何难事，不妨一说。"

原来，贞观五年（631年），天大旱，李世民下令文武官员，为国事出谋划策。常何自感一介武夫，叹道："我不会说，又不能写，让我舞刀弄枪还行，舞文弄墨，这不难煞我吗？"

马周终于迎来了用武之地，回答道："易如反掌！"

常何说："是啊！先生才高八斗，满腹经纶，对时政得失早已成竹在胸。我怎么没想到呢？谢谢先生，笔墨伺候！"

马周说："将军客气了，在下住在将军家久矣，哪能光吃饭不干活呢？"

马周以常何之名，写了奏章。第二天，在皇宫的御书房里，李世民翻阅大臣奏章，当看到署名为常何的奏折时，眼前一亮，自语道：从未见过常何的折子，怎么能写出这么透彻的文章？

"传常何觐见！"

常何进殿跪拜："臣常何参见陛下！"

"爱卿平身。这二十条便民利国的奏折是你写的吗？"

常何唯唯诺诺："是，也不是。"

太宗生气："这算什么话？"常何只好据实回答："臣没这个本事，是臣的门客马周代臣写的。"

太宗："马周何许人也，朕怎么没听说过？"

常何于是把马周一通夸奖，又说："由于他生性放荡不羁，周围的人都瞧不起他，因此他整日以酒为乐，自叹生不逢时，英雄无用武之地……"

太宗一惊："这点很像汉初的韩信和三国时期的庞统，又像当朝的魏徵，你的门客中有这样的奇才，为什么不早向朕推荐？"

常何说："臣拿不准，想再考验考验他再说。"皇上催常何："快去把他唤来见朕！"

谁知，马周并不买账，声言自己自由惯了，甘愿当一门客。

皇上又是下旨又是请人上门，四顾常府，才把马周请到皇上面前。

李世民扬起那份奏疏，问道："马周，这份奏疏是你代写的？"

马周又看了一眼常何，答道："禀陛下，此奏疏确实是草民代主人撰写。"

皇上见马周口齿伶俐，语音抑扬顿挫，心里很是舒畅，暗暗赞道：真是魏徵第二。

贞观十五年之后，马周的地位日渐显赫，成为朝中重臣。贞观十七年（643年），为中书侍郎，兼太子右庶子。次年八月，为中书令，仍兼右庶子。

马周暮年，患重病后李世民亲自调药，并让太子前去问候。(《资治通鉴》卷一百九十八)

临终前，马周把之前呈送的奏章全部焚毁，家人阻拦说这些奏章词正理直，可以让后人瞻仰。马周默默无语地看着最后一道奏章在盆中燃尽，悠悠说道："我这一生富贵，皆为圣上赐予。我唯有生前尽心效力才能报答皇恩。这些奏章皆是因事而上，今我将死，留下此物再无用处，不如焚尽干净。"

马周最后对家人说："正因这些奏章词正理直，其中多谏圣上之失，我不愿意将这些奏章传之后世。管仲、晏子贤名传之后世，其事迹多暴露君王之过而显己能，我不为也。"

### 精要絮语

马周焚其奏章，表明自己绝不留身后之名而显君王之陋。也因此，贞观名臣流传后世的事迹甚多，唯马周事迹流传甚少，皆得于马周临终时这份难得的自知与清醒。

## ⊙ 秦桧的坏，你知道多少？

不识岳飞，永远不知世间的人还有秦桧这个类型。

一个人，要做多少坏事，才使得后人羞桧愧秦？

尽管杀害岳飞已将秦桧钉上奸佞的铁板，但秦桧的坏，绝不仅仅止于杀害岳飞。

秦桧，少年出身于一个小官僚之家，其父秦敏学曾为县令。秦桧少年拜汪伯彦为师，敏思于学，课业精进，25岁就考中进士，补密州（山东诸城）

教授，任太学学正。

按说出生官家，又有高等教育背景，接近于学霸，原本可以成为国之栋梁，可是这时因一个人的出现，改变了秦桧的人生航向——妻子王氏。

王氏，宰相王珪的孙女，奸臣童贯的干女儿，王氏嫁给秦桧时，家族虽逐渐没落，但余威尚在。

王氏虽然貌美，却是个十足的悍妇、妒妇。婚后，秦桧发现王氏无法生育，又不敢得罪王氏家族，只能继续以王氏为正妻。

当秦桧为杀害岳飞举棋不定的时候，王氏为他壮胆："老汉竟然这般优柔寡断！须知擒虎易、纵虎难。"秦桧恍然大悟，写了一张纸条送进大理寺，随即岳飞在狱中死亡。《宋史·岳飞列传》中记载了那张纸条："桧手书小纸付狱，即报飞死，时年三十九。"

这样的秦桧，这样的王氏，只能出现在那个扭曲、变态的年代。

为了让自己不至绝后，秦桧跟一个奴婢生下儿子，王氏得知此事，阻挠秦桧认亲，秦桧只能将儿子交给一个林姓朋友，取名为林一飞。王氏为了稳固自身地位，再将哥哥王唤的儿子抱来充当养子，取名为秦熺。

就这样，秦熺成了秦桧唯一合法的儿子，而亲子林一飞则一直被养在林家。

北宋末年，秦桧爬到御史中丞的高位，王氏父兄子侄渐渐都被提拔任用。

靖康之变中，王氏家族被一网打尽，全部投降金人。秦桧也被金人掳走，与家族一起变节。

从投降变节开始，秦桧在"变坏"的路上突飞猛进。

大概秦桧也不知自己巴结逢迎的潜质如此之强，在金营小试牛刀后就得到金军将领完颜昌的赏识，被提拔为参军。后来完颜昌多次出兵攻打南宋，秦桧都参与其中，为金出谋划策，与完颜昌完美配合，自然也深得器重。

绍兴十年，岳飞再次击败金军，这让金人对岳飞咬牙切齿。金人意识到，南宋不是一夜间就可以轻易消灭，现在只有跟南宋议和，才对自己最有利。

但南宋朝内主战派占据上风，金人眼珠一转，让秦桧带家人回到了南宋。前提是秦桧必须对宋人谎称自己杀掉了金军守卫才逃出来的。事实上，此时他已成为金国间谍，作为金国在南宋的代言人，成为宋金之间沟通的桥梁，为金国通风报信，服务于金国。

秦桧回到南宋之后，发现宋高宗赵构也正打算议和，于是极力陈述"如欲天下无事，南自南，北自北"的南北分治方案。

赵构根本不相信南宋能够击败金人，更没想过收复北方，他早就被金人吓破胆，议和之心久矣。

此时，金人写信给秦桧，让秦桧促成议和，但有一个前提是杀掉岳飞。

昏庸的赵构认为只有秦桧能帮自己完成议和任务，于是对秦桧极尽拉拢，这更让秦桧恃金而骄，从此更加肆无忌惮，他横行不法，大肆敛财，铲除异己，培植党羽。

赵构为了确保议和成果，与秦桧沆瀣一气，加快了杀掉岳飞来取悦金人的步伐。

岳飞自小献身抗金，驰骋半生，戎马倥偬，为抗金大业立下汗马功劳，却成为当权者的眼中钉、肉中刺。秦桧和赵构都认为，岳飞不死，终将阻碍议和，必须杀之而后快。

就这样，一件奇怪的事情在南宋上演：岳飞大获全胜，却被赵构用十二道金牌召回，与韩世忠一起被罢黜兵权。

绍兴议和后，南宋向金国称臣纳贡，割让淮河以北土地，包括岳飞之前收复的土地在内，全部被金人所得，使得岳飞十年功废。

秦桧的坏，还在于当他成为朝廷的一个重要人物，诬陷的手法极其阴毒险恶，操纵台谏，弹劾政敌，培植党羽，搜罗亲信，打压异己，贪污受贿，纵容渎职，收买门客，大搞恐怖政治，走卒布满京城，官吏百姓稍有不满立即锒铛入狱，在他的操纵下，南宋朝廷一派乌烟瘴气。

秦桧的坏，还表现在对国家和人民的罪行上，南宋灾荒时期，秦桧以权谋私，牟取暴利，而这又增加了南宋灾民的困苦。

作恶多端的秦桧激起了百姓的仇恨和憎恶。1150年正月，在秦桧乘轿上朝时，被人埋伏刺杀，可惜只砍断了轿柱。从此秦桧做贼心虚，每逢外出都要带五十名手持武器的士兵。

秦桧的邪恶，更表现为对子孙的偏袒，独断专行，任人唯亲。

林一飞与秦熺成为秦桧的左膀右臂之后，父子一起陷害了无数忠良。更可耻的是，秦桧还选好第三代继承人——秦熺的儿子秦埙。在秦埙参加科举时，秦桧不择手段，亲自操纵，将秦埙定为第一，把大诗人陆游排挤落榜。

至此，秦桧再加一坏——嫉贤妒能。

秦桧罪恶累累，成为南宋晚期名副其实的奸臣"天花板"。

也正因此，清乾隆年间，一位疑是秦桧后人的状元，对接受祖籍调查耿耿于怀。有一天他来到岳飞坟前，挥笔写下了一副名联：

人从宋后羞名桧，我到坟前愧姓秦。

### 精要絮语

因为秦桧，后世从此忌"桧"，而秦姓在相当长一段时间也难以抬头。至今，秦桧与妻子王氏的跪拜铜像，在岳飞墓前，长跪不起。

## 第四章
## 武将的结局：忠勇是一回事，对错是一回事

马革裹尸，封狼居胥，饮马瀚海，保家戍土，他们有一个共同的名字——武将。

在历史这艘巨舰上，他们占据着重要舵位。

## ◉ 凄迷哥舒瀚

北斗七星高，

哥舒夜带刀。

至今窥牧马，

不敢过临洮。

——唐·西鄙人《哥舒歌》

电影《长安三万里》，带火了一个热度并不高的诗人高适，然而，比高适更受热议的，却是一名颇受争议的大将——哥舒翰。

虽为突厥人，哥舒翰幸而生在了政风宽松的大唐，朝廷不拘一格，他的父亲任安西副都护。

自出生到40岁之前，哥舒翰家道丰盈，顺风顺水，史上所记载的潇洒倜傥、行侠仗义，全凭了国家和小家给他底气，将他垫高。

可是谁能一生平顺呢？

前半生逍遥自在，40岁开始"路长人困蹇驴嘶"。

一切始于他父亲的突然离世。40岁的他开始反思人生，又必须承担自己作为男人的责任和义务，因此最好的出路应该是军队了。

40岁参军，在今天即使特殊人才也难以想象，而唐时就这么"不拘一格"，而这一步还真的让他一飞冲天，他收敛了玩世不恭，贡献了博学多才，为人仗义，折服上下左右的同时，更受到一个重要人物的赏识——节度使王忠嗣。

王忠嗣何人？只需说出两个人名：王维、王韫秀——他是王维的弟弟，女诗人王韫秀的父亲。

天宝五年，哥舒翰被王忠嗣提拔为衙将迎战吐蕃，他因作战勇猛让一众将士深深折服。他打仗擅用长枪,每次追到敌人,都把枪搭到敌人的肩膀上,大喝一声,敌人惊恐一回头,哥舒翰就用枪直刺他的喉咙,一枪把敌人从马上挑起来,挑到五尺高,然后再摔下来,杀死。从此威名赫赫。

假如没有安史之乱,军人哥舒翰极有可能会在军队里善终。可是,大唐的这个国运转折点,也同时让哥舒翰的人生被逼转向。

天宝十四年(755年),已经被提拔为河西陇右双料节度使的哥舒翰,在入朝行至土门军洗澡时突发中风,昏迷很久才苏醒,之后半身不遂的他一直在长安休养,他与焦头烂额的李隆基一起,迎来了潼关这个死结。

起用年老犯病的哥舒翰,可见李隆基的山穷水尽。

作为京城长安的门户,潼关一夫当关,易守难攻。李隆基派尚在病中的哥舒翰带重兵把守。此时叛将崔乾祐在潼关外已屯兵半年。潼关内的守军每天晚上在烽火台燃起火把,以报平安。关里的烽火台接到信号,也一座接一座放"平安火",一直传到长安,让长安人民放心。

只要哥舒翰死守,潼关则固若金汤。

大将郭子仪、李光弼也从河北前线给李隆基上奏章,要潼关守军千万不要出关。他们请求引兵北上,攻打安禄山的老巢范阳。

然而,李隆基先自乱。宰相杨国忠开始听到这样的传言:"现在重兵都在哥舒翰手里,如果他打胜回朝,你的宰相难保。"

一语惊醒梦中人,他开始进言唐玄宗:潼关外的叛军不堪一击,哥舒翰守在潼关按兵不动,会丧失良机——"名为御贼,实备翰也"(《资治通鉴》)。

李隆基竟然相信杨国忠,连派使者到潼关,催促哥舒翰出关迎敌。

面对李隆基的催战令,哥舒翰赶紧上奏:"安禄山身经百战,不可能无备而来。陕郡所谓的四千老弱病残,一定是他们主动放出的假情报,意在诱使我大军出关。此时出关,正中圈套。而且叛军远道而来,利在速战;我军据险防守,利在坚守。"

郭子仪和李光弼再次连连上奏,陈述利害:"我们已有稳妥的取胜之策,又何必在潼关进行无谓的冒险呢?一旦潼关战败,继而长安失守,那战局就不堪设想了。"

路人皆知的局面，李隆基却一心往里钻。

哥舒翰与郭、李三人的劝诫，拦不住李隆基、杨国忠君臣二人的冒险冲动。李隆基的信使络绎不绝地来到潼关，哥舒翰在数道金牌的压力下，带领二十万残兵弱将，挥泪出关。

没有人比哥舒翰更熟悉手中这支队伍的真实战斗力。

当时的唐朝经历了长期的和平，百姓几代人都没经历过战争。听说范阳起兵，百姓们起初只觉得新鲜，但立即陷入恐慌之中。哥舒翰带领的是一支缺乏训练且整合能力弱的杂牌军，包括新兵、诸蕃部落兵，以及从洛阳、陕郡撤下来的残兵。一句话，乌合之众，一击即溃。

本已中风的他，与杨国忠的暗战又耗费太多精气神，事实上，他已无法管理日常军务。让一个病人领兵，历来为军中大忌，雪上加霜的是哥舒翰手下两位大将王思礼和李承光互相不合，他们分别主管骑兵和步兵，致使军中号令不一，兵无斗志。

而在他们面前据险布阵的叛军，早已等待这一天很久了。他们故意示弱，队列不整，三五成群，前后不一，哥舒翰竟受蒙蔽，顿然轻敌，真的以为20万唐军对战数千叛军有压倒性的兵力优势，这让他放松警惕，敦促大军进入隘道向前挺进。而叛军一路望风披靡，逃往隘道深处。

哥舒翰感觉胜局已定的时候，叛军的伏兵却从天而降，居高抛下滚木礌石，挤在隘道中的唐军无处藏身，死伤大片。

哥舒翰见势不妙，想尽办法杀出一条血路，但崔乾祐却发起总攻，陡然从唐军背后杀出，唐军三面受敌。这支以新兵为主的军队顿时分崩离析，纷纷弃甲逃入山谷，或者挤落黄河被淹死，惨叫声、呼喊声响彻战场，据称仅淹死的唐军就有数万。最终近20万大军，劫后余生的只有八千余人。

惨败过后，惊魂未定的哥舒翰在关西驿收拾残军，适逢崔乾祐率军杀来，哥舒翰麾下的番将火拔归仁公然劫持哥舒翰准备投降。

昔日威风八面的哥舒翰被双脚绑缚，几天后被送到洛阳。见到这场战乱发起人安禄山的那一刻，他脆弱到极点，安禄山得意逼问："你过去一直貌视我，现今又如何呢？"

历史记载了痛心一幕，哥舒翰扑通跪倒，伏地叩首："臣肉眼不识陛下，以至于此。现今天下未平，李光弼在常山，李祗在东平，鲁炅在南阳，只要陛下饶臣一命，我愿写信招降他们，可一举平定这三面唐军。"

安禄山大喜，当场将哥舒翰封为司空，又以叛主为由，砍了火拔归仁。

天宝十五年六月初九，潼关失守。

哥舒翰的招降信并不理想，回信都在痛骂他的变节投降。安禄山大失所望，索性把丧失利用价值的哥舒翰囚禁在洛阳，弃之不理。一年后，安禄山之子安庆绪在兵败弃守洛阳之前，随手杀掉了哥舒翰。

三年后，杜甫路过潼关，他的心情，形诸笔端：

艰难奋长戟，万古用一夫。
哀哉桃林战，百万化为鱼。
请嘱防关将，慎勿学哥舒。

### 精要絮语

最是这一跪，人生皆逆转。自毁长城不须多，只一次就能让前半生的沙场荣耀葬送于膝下，本来响亮的人生，却留在了一派凄迷的背影中。

## ⊙ 侯君集私藏夜明珠

贞观十四年，大唐长安城外，秋风渭水，落叶翻飞。太子李承乾率文武百官列队，迎接率领西征大军得胜凯旋的大元帅侯君集。

房玄龄悄声问魏徵："侯君集取得这么大的胜利，陛下为何没有亲自出城迎接？"

魏徵也正思忖，往常这个时候都是皇上亲自出马的……难道，侯君集这小子又干了什么出格的事？

众臣隐约觉察，侯君集出征高昌国，虽打了一场漂亮仗，但肯定犯了什么禁忌，否则皇上一定会风风光光出城迎接。

众人的直觉没错，侯君集在高昌国大获全胜不假，但在清点战利品时，他偷偷私藏了两颗举世闻名的夜明珠。

鼎盛时期的大唐帝国，经济繁荣、四海安宁，接受着四面八方的臣服和朝贡。唯有高昌国，自恃地理位置优越，地处天山门户，以为大唐与西域各国商贸交流必经此地而有求于他，故而任性鄙夷，傲慢无理。

事实上，为了与之交好，李世民甚至答应了高昌国王麹文泰联姻的请求。然而当各国朝拜进贡之时，唯独不见高昌使节，李世民同时得到密报，高昌正在密谋勾结西突厥攻打焉耆。

李世民一怒之下，封侯君集为交河道行军大总管、平西元帅，率精兵十万平定高昌，痛击西突厥。

侯君集与李世民出生入死，练就了征战本领。当十万唐军兵临城下，高昌国王麹文泰竟吓破胆，一命呜呼。太子麹智盛想缓兵，被侯君集识破，在副将姜行本建议之下，将士一半攻城，一半警戒，一举攻下高昌国城池，麹智盛举起白旗投降。

侯君集带领副将薛万钧和姜行本昂首挺胸地走进高昌国王宫。但见雕梁画栋，金银财宝，绫罗绸缎，琳琅满目……这一切，顿时勾起侯君集蛰伏已久的贪婪和强烈的占有欲。

宫殿里一派繁忙，士兵们正将战利品一一登记造册。

侯君集悄悄喊住一个搬着精致匣子的士兵，打开一看，正是传说中高昌国那两颗熠熠闪光的夜明珠。侯君集两眼发直，问士兵："是否已登记？"

兵士见薛、姜不在身边，悄声说："报告元帅，这个……还没登记。"

侯君集会意一笑，将两颗夜明珠据为己有。

他自以为神不知鬼不觉，却不知姜行本此刻正押着一个自恃攻城有功、抢夺财物的士兵经过，看个正着。姜行本要求按照军法处置这个士兵，侯君集却以"针头线脑，不值一提"为由，力主放过。

当侯君集打下高昌国的捷报传回长安甘露殿，李世民同时接到了侯君集贪占珠宝、纵兵抢掠的密报。

李世民不动声色。当太子迎回侯君集一众将领，在大堂之上，他高兴地对众文武说："高昌大捷，我大唐王朝的版图再次扩大，东到大海，西至焉

## 第四章 武将的结局：忠勇是一回事，对错是一回事

者，南尽林邑，北抵大漠，皆为州县，疆域之大，已超隋朝，古未有之！"

随之，他又转向侯君集，"此次平定高昌国，侯将军率我仁义之师大获而胜，以极小的代价，收复了敌国。长我志气、扬我军威，值得庆贺！朕亲率三品以上文臣武将为侯爱卿设宴庆功。"

侯君集不明就里，受宠若惊，顿感风光无限。

"朕一向爱憎分明，赏罚严明，该奖定奖，该罚必罚，从不颠倒是非，黑白不分！"侯君集听后稍有心虚，表示不敢贪得寸功。

李世民先敬三杯，又带领群臣一起敬酒，众文武举杯响应，侯君集又连饮数杯。

李世民见侯君集已有醉意，大喊："马公公，把战利品抬上来，让列位爱卿饱饱眼福。"

话音刚落，装满金银财宝的十几个大箱子随即被抬进并迅速打开。

褚遂良说："听说高昌国有两颗夜间能发光的珠子，怎么没有缴来？"

侯君集顿时色变，只见李世民说："朕自登基以来，心存公平、赏罚分明，侯爱卿立了大功，本应重重奖赏，可有人告发他私吞高昌战利品……侯君集，你可知罪？"

侯君集战战兢兢地说："末将该死，一念之差，留了两颗夜明珠，请陛下恕罪。"

魏徵站出来劝道："欺君之罪，按律当诛！贪赃枉法，亦是同罪。但微臣请求陛下看在侯大人刚刚平定高昌有功的分上，从轻发落。"

李世民对魏徵说："侯君集兵部尚书的职务是你举荐的，现在你又为他求情，那就削去封号，降为五品，留个闲差吧。"

侯君集跪地叩首回应道："谢陛下不杀之恩！"

庆功宴会不欢而散，众臣议论纷纷。

魏徵是唯一让李世民看脸色的人，这在封建王朝极为罕见。然而就是这样一个魏徵，也会"看错人"。在启用侯君集的事情上，他有不可推卸的责任。

魏徵请求降罪，而这时李世民正体现了明君之治，安慰魏徵道，人非圣贤，孰能无过？

除了私藏夜明珠、纵容下属抢夺财物，侯君集平时生活腐化堕落，李世民虽有耳闻，却一直不曾在意。李世民念其跟随自己戎马一生，仍把侯君集列入凌烟阁二十四功臣。

照此下去，倘若侯君集能如魏徵一般勤勉克己，结局不应太差。

谁知他却居功自傲，不但自己日益腐败，还发展到勾结异己，不自量力地助力太子李承乾谋反，成为被李世民诛杀的开国功臣。

### 精要絮语

漫漫历史长河，总有一些人喜欢挑战正道，违背公理。而逆行的结果，一定难逃历史的责罚。

## 从少年犯到一代军神的狄青

《宋史》告诉后人，在宋朝为武，太难了。

赵匡胤发家，一武定乾坤，但越往后发展，这一武，也误了大宋。从此，在宋朝为文，顺风顺水；为武，则沟沟壑壑，不得善终。

到了狄青时期，宋朝全国重文轻武，登峰造极。全国上下，一致"恐武"。

在狄青的幼年时期，他的家乡遭遇百年不遇的大雨。一天夜里，全家正在熟睡，他被母亲叫醒，然而当他睁开惺忪睡眼，却不见了家人，惊慌之际，却见一股巨浪吞噬了原本单薄的草屋，洪水卷走了母亲和哥哥，他自己也被冲得不知去向。

当他醒来时，眼前是几个僧人，原来僧人在洪水退去的河边救了奄奄一息的狄青。家园尽毁，亲人不知去向，小小少年便留在了寺庙里。

后来家人找到他，狄青全家团圆。狄青16岁时，因其兄弟与人斗殴，他代兄受过，被抓进官府。俊秀少年成为"罪犯"，脸上被刺字，还被注销户籍，发配到京师充军。

第四章　武将的结局：忠勇是一回事，对错是一回事

没想到这却成为狄青的人生转折点。狄青骑马射箭的特殊天赋很快显露，成为一名勇敢善战的战将，渐渐得到皇帝宋仁宗的赏识。从拱圣营（皇家仪仗队）骑兵做到皇帝近卫部队散直。由于脸部刺字，每次作战时他都会披头散发，戴上特有的面具，被称为"面涅将军"。

更大的转折发生在公元1038年，30岁的狄青被派去边疆与叛军李元昊作战。此前宋军与李元昊交手，屡战屡败，但狄青一到，李元昊节节败退。在边境四年，狄青参加25次战斗、身中8箭，带着铜面具，身先士卒，所向披靡。

金汤城一战，狄青夺取了宥州，俘虏5000多人，收缴帐篷2000多顶，烧毁西夏早就储备好的数万石粮食，还在敌人的要害之处，兴建碉堡……自此，西夏军一听狄青二字，落荒而逃。公元1052年，44岁的狄青升为枢密副使，正式进入执政大臣的行列。

此时，距离他踏入军旅已经过去十几年，从初出茅庐，到变成威风凛凛的大将军。若放在其他朝代，这个升迁速度不算快，但这可是北宋！一个重文轻武到了令人发指程度的朝代。

在北宋，武将成为执政大臣的，寥寥无几。而狄青只用十多年就成为枢密副使，这让无数文臣无比忌惮。一时之间，暗箭齐齐射向狄青，群臣上奏要求皇帝卸掉狄青的兵权，防止他拥兵自重。

幸好，狄青的战绩成为皇帝对他的保护伞，宋仁宗对这些弹劾的奏章置之不理，还担心影响狄青形象，提议他用药把脸上的刺字去除，但狄青婉言谢绝。"陛下以功擢臣，不问门第，臣所以有今日，由此涅尔，臣愿以劝军中，不敢奉诏。"（《宋史》）

不过，贵为皇帝，清醒一时易，清醒一世难。所谓生也战绩，死亦战绩，与西南广源首领侬智高一战，不但没能巩固狄青的地位，反而将他推向万丈深渊。

少数民族首领侬智高攻陷邕州建立大南国，一度攻城略地与宋廷分庭抗礼。宋仁宗立刻派军队围剿，不但未能退敌，反而让侬智高再占领整个两广地区。

北宋打仗实在有些"反人类"，即"以文驭武"：凡武将领兵打仗，一定

97

要有文官陪同，避免武将造反。可是文官谁懂打仗！多为外行之人，越指挥越混乱。侬智高看准时机，大败宋军。

狄青毛遂自荐，请求出战，而宋仁宗也摒弃了"以文驭武"，直接把全部指挥权交给狄青。狄青趁侬智高放松警惕之时，率人马突袭并顺利拿下昆仑关，占领险要阵地，摆开阵势与叛军肉搏，到战况最激烈的时候，狄青命左右两翼的骑兵绕道敌后，前后夹击，大败叛军，追敌五十里，斩首级数千。侬智高带着残部逃回邕州，再逃到大理国。在大宋朝廷的压力下，大理国把侬智高杀掉，并将人头送往大宋。至此平定侬智高叛乱。

这一战，狄青获得了北宋统一以来边疆战争的最大胜利。

关键时刻，狄青充当救火队长，本来应为狄青赢得更多的晋升筹码，而满朝文官以为狄青有去无回，正等着看他笑话呢。

当狄青班师回朝，与岳飞相同的命运竟落到他头上。

仁宗皇帝任命狄青为枢密使。枢密院是管理国家军政的最高机构之一，枢密使的权力与宰相相当，狄青也成为北宋武将中担任枢密使的唯一一人，自赵匡胤开国以来，中央的宰相和枢密使一般都是由文人集团担任。狄青凭借战功做到枢密使的位置，却因功遭忌，谏官们开始编织莫须有的罪名，罗列一系列奇葩事件弹劾狄青。

仁宗皇帝虽然有意维护狄青的地位，但文官集团的频频发难使宋仁宗心生猜疑。这一次，宋仁宗没有再沉默，他免去了狄青的枢密使职位，把他调出京师，发配陈州，以防"黄袍加身"再次上演。

正史的记载中，公元1057年2月，狄青嘴生毒疮，于3月去世，死因不明。而从《野客丛书》来看，狄青的死，大有蹊跷。狄青被调离后，宋仁宗每个月都会派两名太监去探望，实为监视。作战勇猛、忠心耿耿的狄青，怎能遭受如此猜忌和怀疑，愤懑和郁结之中，嘴生毒疮，抑郁而终。

狄青的一生，虽英勇励志，但戏剧化的结局，令人扼腕。

· 精要絮语 ·

后世经常拿狄青比岳飞，就是狄青的冤，并不逊于岳飞。在"北宋无将，南宋无相"的情势之下，狄青战功再大，也没敌过奸臣的一张嘴。

第四章 武将的结局：忠勇是一回事，对错是一回事

## ◉ 岳飞必须死的三个"理由"

韩信、李靖、卫青、霍去病、郭子仪、李绩、李广……在中国历史的汉唐天空，这些大将威名赫赫，雄震八方，彪炳功勋辉耀千古。

几百年后的南宋，一代名将岳飞在临安大理寺风波亭监牢，被以"莫须有"的罪名害死。一个时代结束了。

有一天，后人突发奇想：假如岳飞生在汉唐……

看看汉唐特别是唐朝名将的善终，就知道在宋朝为将有多惨。精忠报国、一心雪耻的岳飞，越忠越勇，就越像一枚钢钉楔入皇帝的眼中。无他，只怪岳飞生不逢时。

这正是岳飞必死的第一个"理由"：岳飞的忠勇。在皇帝和文官集团眼里，这不是胜利的保证，而是巨大的威胁。

宋朝文官集团政治地位难以撼动，时刻防范、打击武将，这若在汉唐，不可想象。在汉初，政治构架是皇权与相权分离，相权为皇权服务，相权在一定程度上可与皇权抗衡。唐代与汉代的政治构架类似，中书省、门下省和尚书省由多个宰相掌权，李世民更是雄才大略，绝不会轻易受到文官或者武将的左右。

可是，到了宋代，相权被不断分割，皇权不断集中，渐渐重文轻武。宋王室家训有言，要尽量"优假士人"，后世也一直传说"宋朝官员不受杖"，此处的"官员"多指文官。这也为大宋文官集团的崛起创造了有利条件，埋下数不尽的祸根。以至后来的宋朝皇帝更是变本加厉，朝廷内外鄙视武人，以至军人将士毫无荣誉感，心气不足，何谈战斗力？所以宋朝兵力虽多，却屡败于辽国、西夏和金国，直接原因就是朝廷"惧武"。

自唐末至宋的50多年间，一路打打杀杀，赵匡胤就这么上位了，从此

植下宋廷忌武人的先天基因。虽高居皇帝宝座，仍对武将擅权、藩镇割据心有余悸，乃至切肤之痛。从开国就已注定，武将这个职业，成为宋代各个皇帝的忌惮，甚至心头大患。

在宋朝，武将的军事能力成为双刃剑，"功高震主"成为武将的死穴。再加上武将得国的后遗症，武将的处境就更难上加难了。在皇帝眼中，一个军事能力超强的武将，拥有因累累军功获取的官职爵位，手下还有足够威胁皇权的军队，如果再有诸如"爱兵如子""秋毫无犯"的绝佳声誉，完全可以来一次从重臣到权臣再到改朝换代三部曲。

所以做宋朝武将，或马革裹尸赢得身后名，或急流勇退保全家人，最惨的就是功高震主成了政治权利的牺牲品，正如岳飞。

岳飞的从军之路与汉唐大将并无二致，军事才能彼此相当，建功立业丝毫不逊。无奈，命运将他抛到那个一言难尽的朝代。

岳飞必死的第二个"理由"：让敌人太害怕了。

岳飞之死，与几个人有关，除了赵构秦桧，还有一个金人——金兀术，即完颜宗弼，罪不可赦。

金兀术是金主完颜阿骨打的第四个儿子，作战勇猛，作为统帅主力对宋朝形成巨大威胁，也正是在他手下，大宋蒙受靖康之耻，徽、钦二宗以及众多大臣嫔妃被俘蒙辱。

直到他遇上岳飞。

1126年，岳飞首次抗金，他只率两千宋兵就击退了上万金军。此后，他屡屡获胜，很快被晋升为副元帅，统领十万宋军对抗金兀术。

两人第一次交战，岳飞采取伏击战术，将金兀术诱进伏击圈，两人单打独斗七八十个回合，终不敌岳飞，受伤逃走。

此后，二人又多次交战，金兀术本来善用计谋，可是，遇上岳飞却束手无策。不久，金兀术和岳家军再次交战，他的女婿夏金吾被岳飞的长子岳云杀死，金军的战马被岳飞用麻扎刀砍断了马腿，金军大败。

金兀术愤怒中暗下决心：必须除掉岳飞！

如此挫败的宋朝廷，靠岳家军反败为胜，带来起色，碰到哪个皇帝不该善待珍惜岳飞呢？何况，岳飞38岁的人生不是在打仗，就是在去打仗的路上。

在金朝，金兀术一直主战，可是，现在遇到岳飞，反而主动建议金廷与宋朝讲和，但有一个前提——必须先杀岳飞。

这时，秦桧和徽钦二帝以及其他大臣已在金国为俘虏，极尽逢迎和巴结之能事，讨得金太宗的赏识，秦桧的家人因此受到款待，而他本人也被安排到了金太宗的弟弟完颜昌身边做秘书。

从那之后，秦桧居然就把金人当成了主子。尤其是后来，其他宋朝人都不能回南宋，而秦桧一家人都被放了回去，因为秦桧成了事实上的金国间谍。

试问，有几个帝国王朝的宰相能够像秦桧这般通敌卖国？这若在汉唐，特别是在汉武帝、唐太宗年间，肯定是死罪。

金兀术告诉秦桧，金宋两国想议和，岳飞是障碍，一定要除掉。于是，便有了后来岳飞被秦桧诬陷入狱，直到最后被害死的桥段。

岳飞一死，南宋就和金人签下了丧权辱国的条约，宋向金称臣，不但割地给金国，每年还要进贡，而金国则归还了徽宗的灵柩及高宗生母，高宗赵构大大松了口气。

可见，岳飞的死因虽复杂，但关键之处还在于他的能力与品格，竟成为朝廷卖国的障碍。

因为让敌人过于害怕而被杀，这是岳飞作为一代战神的悲哀，更是那个时代的悲剧。

岳飞必死的第三个"理由"：干预皇储事宜。

金国为了对付宋朝，想出了一个损招：要废黜伪齐皇帝刘豫，改立宋钦宗的儿子为傀儡皇帝，从而造成两个宋朝一南一北对立的局面。

岳飞得知这个消息后，给宋高宗写了一份密奏。他请求高宗抓紧立其养子为太子，不让金人的阴谋得逞。

在岳飞看来，这只是自己忠于皇帝的进言，殊不知他已犯了两大忌讳，一是高宗当时年仅31岁，皇帝如此年轻你催他立储，在他看来你意欲何为？更何况高宗早年因惊吓失去了生育能力，不得已收一养子在宫中，这成了他的一大心病，岳飞的密议也正戳中了这一痛点。二是手握兵权的武将干预皇嗣之事，让皇帝疑上加疑。宋廷本就忌讳武将，现在竟然干预立储这样高度敏感的事，所以高宗听完密奏后当时就警告岳飞："卿虽忠，然握重兵在外，此事非卿当与也。"丞相赵鼎也说："飞不循守分，乃至于此。"

凡此种种"理由"，每一个"理由"似乎都能击穿忠与勇给予岳飞的护身铁甲，让他几乎死无葬身之地。

当岳飞被构陷冤死之时，朝野上下噤若寒蝉，慑于秦桧之威，没人敢谈论岳飞，甚至连岳州也改名成了纯州。好在人心向背不会完全被威权左右。岳飞去世后，大理寺狱卒隗顺把他的尸体背出城，葬在钱塘外的九曲祠旁。隗顺把这个秘密保守终生，直到去世前才告诉儿子。宋孝宗给岳飞平反后，隗顺的儿子才把岳飞的埋葬处告知官府。随后岳飞的遗骨被找到，迁葬于西湖栖霞岭。

作家温瑞安的小说里，一个人物说过一句话："这个人是英雄，英雄生来就是供我们折腾的。"

岳飞被赵构秦桧等败类折腾至死，而他的尸骨却由一个小小的狱卒冒着生命危险保护下来。历史就是这样的讽刺和无奈。

### 精要絮语

岳飞被害的后果是杀人诛心，诛了整个南宋的心，斩断王朝的脊梁，宋朝不灭亡才天理不容。

回望历史的天空，宋朝真的不配拥有岳飞。

第四章　武将的结局：忠勇是一回事，对错是一回事

## ⦿ 慧眼识珠的宗泽

> 繖幄垂垂马踏沙，
> 水长山远路多花。
> 眼中形势胸中策，
> 缓步徐行静不哗。
>
> ——宋·宗泽《早发》

读到这首诗的时候，尚且年轻的我，沉浸在一种宏大高邈的叙事里。将军、伞幄、战马、朝露、繁花……极尽百般想象，这个场景中的那位大将，骑一匹高头大马，眼神邈远，表情坚毅淡定，又静气十足……使我不由地喜欢这位古人。

连名字，也是那么口角噙香。

于是再读郁达夫那句"别有风情忘不得，夕阳红树照乌伤"时，对于诸多乌伤（义乌）名人，只记住了他——宗泽。

惋惜的是，他竟生于宋代。

生于宋代也罢，只做文官好了，何必为武官？

1060年，这是宗泽的出生年份，北宋建国100年。

大宋的天空下，耕读之家，天资聪慧，匡世济民的宏愿悄悄滋生，不到20岁的宗泽辞家外出游学，十余年间就学十多处，不仅悉心求学，研读"古人典要"，而且学以致用，考察社会，了解民情，孜孜不倦地追求治国之道；同时眼看辽国、西夏屡屡入侵，又产生了靖边安境、为国效力的想法，认真研读兵书，"于书无所不读"，宗泽这类热血人物，匡世济人而怀揣鸿鹄之志，身上蕴含着骁勇强悍的武夫气质。后来能够威震强敌，固然主要是从战争中学习军事，但原有的潜能，也有了迸发的机遇。

这时，宗泽已经迅速成长为一个博学广识、文武兼备、富有理想和抱负的青年。

元祐六年（1091年），33岁的宗泽参加了省试、殿试，他不顾字数限制洋洋洒洒挥笔万余言，力陈时弊，批评"朋党之祸"，这是宗泽第一次在政治上亮相。主考官以"其言直，恐忤旨"为由，将宗泽置于"末科"，宗泽虽未能名登榜首，但毕竟通过了科举考试，从此步入仕途。

从大名府馆陶县开始，宗泽先后辗转多地任职，如衢州龙游、莱州胶水、晋州赵城、莱州掖县四地。纵观宗泽从政20多年，每到一地，均能迅速而妥善地处理当地历年诉讼积案，百姓拥戴，下属信赖，显露了他处理政务的才能。

政和五年（1115年），宗泽升任登州（今山东蓬莱）通判。登州邻近京师，权贵势力伸手其间，仅宗室官田就有数百顷，皆不毛之地，岁纳租万余缗，都转嫁到当地百姓身上。宗泽上任后，愤然上书朝廷，陈明实情，请求予以豁免，最终为登州百姓免除了沉重的负担。

宗泽在官场中，越来越看清宋朝统治集团的腐朽，感到自己难以有所作为，这时他已年届六十，乞请告老还乡，获准授予主管应天府（南京）鸿庆寺的虚衔，退居家乡义乌邻县东阳，结庐山水间，拟著书自度晚年。

然而事情远未结束，他竟被诬告蔑视道教，随即发配镇江被"编管"。

宣和四年（1122年），宋徽宗举行祭祀大典，实行大赦，宗泽才重获自由。宗泽先掌监镇江酒税，两年后调任巴州通判。这时，金国屡屡进犯，辽、金、宋之间激烈缠斗。眼见国家遭犯，他作《古楠赋》《重修英惠侯义济庙记》，借景抒情，如泣如诉地表述了自己怀才不遇、壮志难酬的悲愤心情。

一位老人，只愿做"断头将军"，而决不做"投降将军"，足见气节。

靖康元年（1126年）初，在御史大夫陈过庭的推荐下，宗泽以宗正少卿身份，充任和议使。宗泽此行已"不打算生回"，有人问他原因，宗泽答道："敌人能够悔过撤兵当然好，否则怎么能向金人屈节以辱君命呢？"

然而，投降派认为宗泽刚直不屈，恐怕于和议不利，临时改派宗泽到战争前沿的磁州任知府。当时太原失守，出任两河地区的官员都借故不到任。

宗泽说："受朝廷俸禄怎能逃避困难？"当日独自骑马上路，随从只有十几名老弱士卒。

磁州经过金兵蹂躏之后，百姓逃亡，仓库空虚。宗泽到达后，修缮城墙，疏浚隍池，整治器械，招募义勇，开始做固守不动的打算。钦宗对其治理之策表示赞赏，并任命宗泽为河北义兵都总管。

此前，宗泽一路文官，并未接触军事，此时国难当头，年事已高的他竟然很快切换成为军事家，指挥了多场大大小小的战役：北方门户真定（今河北正定）、宋都开封、滑州、黎阳、大名等，多次大败金军，并控扼金人的退路，截回徽、钦二帝，上书赵构要积极进取。

《早发》就创作于他从军的这段时间。尽管年过花甲，但他老当益壮，此时率军迎敌，何等意气风发！只是《早发》中的一个"静"字，真是让人钦佩，能把行军以及大战来临之前写入这样的"静"界，这位老人多么有品位！

当赵构在南京即皇位，宗泽入朝相见，与李纲等重臣一起涕泪交流，提出复兴国家大计。但朝廷未曾任命一将，也未派出一兵，终于导致徽钦二帝北去。这时宗泽已69岁，国运急衰，金人猖狂，朝廷已不抵抗。七旬老人又被改任为青州知府和开封知府，多次击退和识破金人的进攻和阴谋。

宗泽悲愤之际，与大将岳飞有了交集，同道之人，又对岳飞惊为将才。时值金人攻打汜水，宗泽将五百骑兵交给岳飞，岳飞大败金人，宗泽于是升岳飞为统制，岳飞由此知名。

一度，宗泽与岳飞齐名，有陆游的诗为证："公卿有党排宗泽，帷幄无人用岳飞。"

七旬宗泽多次领兵抗击金人，将金人打败。金人听到他的名字，常常既尊敬又害怕，他们与宋人谈到宗泽时，称他为"宗爷爷"。

然而，这位宗爷爷敌不过朝廷卖国。他先后上二十多道奏章，请求赵构回京，却被奸人阻碍，忧愤成疾，背上生疮。诸将入室问候，宗泽对他们说："我因为徽、钦二帝遭受不幸，积愤成这样。你们如果能够消灭敌人，则我死而无恨了。"

> 精要絮语

一个与岳飞齐名的大将，一个不被朝廷珍视的老人，让他抱憾而死，这样的朝廷的结局，可想而知。

## ⊙ 袁崇焕的生前名与身后事

1629年10月，皇太极亲率八旗大军和蒙古骑兵，绕过袁崇焕的防区，突破长城，攻陷遵化，直逼北京。

其时，袁崇焕正在巡视山海关，得到皇太极进攻北京的军报，心焚胆裂，急点九千兵马，"士不传餐，马不再秣"，即行军途中兵不再吃饭，马不再喂草，日夜兼驰，赶在皇太极之前，到了北京广渠门外。

此前，袁崇焕可谓战功赫赫，此时拱卫京师，本为救驾，怎能想到，一腔热血却让自己陷于万劫不复。

两个月后，崇祯皇帝在北京紫禁城平台召见袁崇焕，传谕要"议军饷"，却当即下令捕他下狱。第二年的9月22日，北京菜市口上演了一场惊心动魄、载入史册的极刑。47岁的兵部尚书袁崇焕，被刽子手活活剐了3543刀，是为明朝最酷之刑——磔刑。

按字典解释，"磔"字始于战国，古代祭祀时，杀牲以祭神，即分裂牲畜的肢体。可见这个字并不用于人，然而，人类中的残暴之徒，生生把它发展成为对人的酷刑——分尸。通俗一点，就是民间所谓的"千刀万剐"。在法场立一根大木柱，绑缚犯人，刽子手用法刀，一片一片地剔受刑人的肉，先手足，次胸腹，后枭首。取出内脏，肢解尸体，剁碎骨头。有的受刑人肉被割尽，还未断气，心仍在跳动，甚至于还有视觉和听觉。

关于袁崇焕死时的惨烈，同时代的张岱在《石匮书后集》记载："遂于镇抚司绑发西市，寸寸脔割之。割肉一块，京师百姓从刽子手争取生啖之。刽子乱扑，百姓以钱争买其肉，顷刻立尽。开膛出其肠胃，百姓群起抢之。得其一节者，和烧酒生啮，血流齿颊间，犹唾地骂不已。拾得其骨者，以刀斧碎磔之。骨肉俱尽，只剩一首，传视九边。"

袁崇焕，生于广东，死于北京。从年少开始进仕从军，常年征战，战马嘶鸣中积下对自己不利的声音：恃功骄横，与下属不和，经历了辞官、重新启用等起伏，最后盖棺于"通敌叛国"罪。

这就可以理解为什么民众对袁崇焕有"仇恨"之情了。

那么，真相是什么？

在作家当年明月笔下，他对袁崇焕的评价是"一个折腾了我很久的人"，"很复杂，他极聪明，也极愚蠢，曾经正确，也曾经错误"。当年明月把历史人物分为三级：关键人物、重要人物、鸡肋人物，他把袁崇焕归入重要人物。

太有个性的人，留给后人的印象一定是复杂立体的，他忠贞，但偶尔也有精神溜号；他勇敢，也有过怯懦的一瞬间。

至于袁崇焕，留给历史的有正有负，有赞有贬，他是忠臣良将不假，但也有人说他"贪功好利""专横跋扈""通敌叛国"。

可是说到"通敌叛国"，性质就严重了。

当攻城胶着之际，皇太极正是利用了崇祯与袁崇焕之间的君臣嫌隙。借刀杀人——这一幕何其熟悉，正是金兀术、秦桧、赵构与岳飞的桥段。岳飞的罪名是莫须有，袁崇焕何尝不是。

此前，后金军与袁崇焕交战数十次，皇太极亲自领教过袁崇焕的厉害，深知此人一日不除，进军入侵的大业，就会迟一日。于是向外遍布消息，诬陷袁崇焕曾与后金军秘密约定，助其获取大明江山。

此前，袁崇焕也因决策失误、擅改军令而失去了崇祯帝的信任，导致一系列不良后果，特别是他擅杀了重要将领毛文龙，破坏了牵制后金的局面，加之崇祯帝生性多疑，轻信流言蜚语，关键时刻将袁崇焕视为叛徒。

袁崇焕被磔刑这一年，正当盛年，如果君臣能够良好互动，大明的灭亡不一定能避免，但未必不能够推迟。

更可悲的是，因为莫须有的"通敌叛国"罪名，遭到不明真相的民众群起攻之，致使自己征战一生，惹得个民恨众怒。前朝的岳飞死得惨烈，尚且得到朝野官民以及历史的一致拥戴，《宋史·岳飞传》记载岳飞的一句话，

"文臣不爱钱，武臣不惜死"，不惜死的袁崇焕同样为保卫北京、保卫国家而死，却没能像岳飞一样，得到官民的支持和理解，死得悲壮，却不得其所。

袁崇焕只有两个年幼的女儿，这样的死，给家室带来的灾难可想而知，妻子黄氏悲痛欲绝，投江而亡。兄弟、妾室以及女儿也被流放，家产被官府没收。

袁崇焕的身后事并未就此结束。

幸好，袁崇焕有一位贴身侍卫佘义士，偷偷将袁崇焕人头取回，埋葬在自家后院，并专门辟出一片墓地，为京城去世的广东人安葬。佘家人即便历经18代、393年的风雨沧桑，始终守护着袁崇焕的墓地。

读清史，才知乾隆帝似乎是一个擅长平反的帝王，他曾为多尔衮平反，对于袁崇焕，《清高宗实录》第一一七〇卷，乾隆四十七年（1782年）十二月初四记载：

昨披阅《明史》，袁崇焕督师蓟、辽，虽与我朝为难，但尚能忠于所事。彼时主昏政暗，不能罄其忱悃，以致身罹重辟，深可悯恻。袁崇焕系广东东莞人，现在有无子孙？曾否出仕？着传谕尚安，详悉查明，遇便复奏。

这时，袁崇焕已经死去152年。

### 精要絮语

悲剧在中国古代史上很多，像袁崇焕这样的旷世悲剧，可谓惊天地泣鬼神。好在历史长河铭记了袁崇焕对家国的忠诚与贡献，同时也正视袁崇焕个人得失，这足以让我们深长思之。

第四章　武将的结局：忠勇是一回事，对错是一回事

## ⊙ 毁誉参半多尔衮

1612 年，22 岁的美丽少女阿巴亥，为努尔哈赤生下了第 14 个儿子——多尔衮。

多尔衮的童年并不顺遂，在像蜘蛛网一样复杂的大家庭中，一个小福晋告阿巴亥私藏金银珠宝，阿巴亥以及她的三个儿子随之被遗弃。

多尔衮与母亲、哥哥阿济格和弟弟多铎一起度过了五年被遗弃的生活，到 1625 年，努尔哈赤迁都盛京，才将阿巴亥母子接回。多尔衮的人生走上正轨，开始他征战杀伐、毁誉参半的短暂一生。

多尔衮跟随皇太极东征西讨，一次次大显神威，战功卓著。他不仅是一个带兵打仗的将领和军事家，更是一个通晓谋略、局势的谋臣和政治家。特别是成功招降察哈尔部，取得元朝玉玺，这让皇太极对他刮目相看。1636 年，皇太极正式称帝，将国号由后金改为大清。

皇太极即位后，对清朝大臣进行一系列封赏。24 岁的多尔衮被皇太极册封，名列清朝亲王的第三位，从法令上确定了多尔衮在大清国的地位，并进入政治中心。他的威望蒸蒸日上，权势日隆，如此年轻的他已经可以和代善等老牌将领并驾齐驱，一时风光无限。

1640 年，松锦之战爆发。虽然这场战役的统帅是皇太极，但多尔衮再一次表现出他非凡的领导才能。1642 年，多尔衮占领松山，俘虏了明军统帅洪承畴。不久，清军又占领锦州，明军另一个统帅祖大寿向清军投降。至此，松锦之战宣告结束。

松锦之战是明清战争的转折点，也是大清国在入关前的最后一场大规模战役。这场战役中，明朝在关外的所有兵力损失殆尽。除了宁远以外，其他领土全部被大清国占领。大清国入关的门户山海关近在咫尺，入主中原只是时间问题。

1643年，皇太极在盛京清宁宫去世，享年51岁。

争夺皇位，成为清宫焦点，大清江山有多尔衮重要一极，说他毫无想法绝不可信，但大家还是以清朝大业为重，多尔衮和豪格各退一步，拥立清太宗的第九子福临即位，即顺治帝。

年仅六岁的顺治帝虽登大宝，但皇权实际掌握在作为叔叔的睿亲王多尔衮和堂叔郑亲王济尔哈朗手中。不久，济尔哈朗以自己只是皇帝的堂叔为由，请求顺治帝凡事都向多尔衮请教，又让百官遇事都要先禀告多尔衮。这使31岁的多尔衮一度独揽大权。清军入关，福临入主北京，多尔衮一手操持，这时他已成为大清国的实际统治者，距龙椅只差一步。

多尔衮甘心吗？

圣母皇太后悄悄隐身在金銮殿后，观察着朝堂上的一举一动。她怎能不清楚多尔衮对帝位的渴望。

多年来，多尔衮率领八旗铁骑，踏破山海关，出塞入关，坐镇北京，指挥满蒙汉军，打天下，夺江山，叱咤风云，奠定了清朝大业。但一根刺扎在他心头，拔不出，时时隐痛。他心中感到很委屈：这江山是我打下来的，皇帝应该是我，但龙椅上坐着的，却是他人。

这是多尔衮的内心独白。

而顺治也已读懂多尔衮的内心，对来自多尔衮的威压久已生怨。

那段时间，天花简直成为清朝宫廷的噩梦，多尔衮的弟弟多铎和不少重臣先后死于天花。他目光阴鸷："顺治小皇上应该这样不正常死掉啊，那样，岂不……"

或许应了他的诅咒，顺治帝果真死于天花。只是，多尔衮先行一步。

1650年，冰天雪地的塞外喀喇城（今河北承德双滦区），一支队伍由远而近，最前面的那匹高头大马上，端坐着一身戎装的多尔衮。他面容憔悴，神色忧郁，眉眼之间只是极力显露出一股强悍和坚定，但郁闷也写在脸上。

直到抵达猎场，一只猛虎进入围猎范围，众人特意把猛虎赶进多尔衮的射程。然而，众人早已看出多尔衮今日身体不佳：昔日百发百中的多尔衮今日三次射偏，颓丧之中跌下马来，不久离世。时年39岁。

## 第四章 武将的结局：忠勇是一回事，对错是一回事

多尔衮虽去世，势力仍在。他的同母哥哥阿济格以及同党坚决让顺治帝给予多尔衮崇高的葬礼和待遇。顺治帝迫于压力，对多尔衮集团妥协，正式下旨：追尊多尔衮为"义皇帝"，配享太庙，按照帝王的规格安葬，追尊多尔衮的元妃博尔济吉特氏为义皇后；多尔衮的爵位由他的养子、多铎之子多尔博继承。

此时，一生历经两次皇位争夺并且都以失败而告终的多尔衮，终于实现了他的"皇帝梦"。

好景不长。多尔衮的贴身侍卫苏克沙哈向顺治帝递上一封检举信，列出多尔衮生前图谋不轨、阴谋篡位的多项事实：私制龙袍和皇冠，收藏皇帝专用的珠宝，召集党羽；特别是将自己的亲兵两白旗移驻永平，为称帝做准备。

顺治帝对此十分震惊。一些对多尔衮不满的大臣也开始向顺治帝上奏折，检举揭发多尔衮的罪行。恰在此时，多尔衮同母哥哥阿济格，认为此时的清王朝中只有他自己独享尊位，企图摄政，并阴谋夺权。被软禁后依然私藏大刀，还想挖通地道逃跑，甚至扬言要放火烧房。

一直备受压抑的顺治帝终于爆发。1651年底，下旨将阿济格和他的儿子一起赐死；剥夺多尔衮的谥号和庙号，并抄家，将多尔衮从宗室中逐出，掘墓，开棺鞭尸；撤销多尔衮生母阿巴亥"孝烈高皇后"的谥号；撤销多尔衮元妃博尔济吉特氏"义皇后"的谥号；断绝多尔衮的所有香火，将多尔衮的养子多尔博重新归宗于多铎的后代；不准任何人去给多尔衮祭祀扫墓；打击多尔衮集团，严惩每一个成员。

直到127年以后，1778年，乾隆帝下诏为多尔衮平反昭雪，并评价多尔衮"定国开基，以成一统之业，厥功最著"。

### 精要絮语

清王朝最大的功臣、生前无比显赫的多尔衮，在去世后遭到如此清算，尽管这在历朝历代功臣和权臣中极为普遍，但仍令人唏嘘喟叹。

## 第五章 在野或在朝：天下才子难以回避的选择题

中国历史上的才子，必须直面一个人生关口：考取功名。然而，才子本身的不羁和为官道路的崎岖，二者交织，衍出气象万千。

## ⦿ 漫漫潮州路，江山尽姓韩

> 一封朝奏九重天，夕贬潮州路八千。
> 欲为圣明除弊事，肯将衰朽惜残年。
> 云横秦岭家何在？雪拥蓝关马不前。
> 知汝远来应有意，好收吾骨瘴江边。
>
> ——唐·韩愈《左迁至蓝关示侄孙湘》

这首诗是唐宋八大家之一的韩愈写于被贬潮州的途中。

在被贬这件事上，韩愈并没躲过。

被贬的原因也很奇葩——反对皇帝信佛。

韩愈所生活的唐宪宗时期，大唐已经回光返照。晚年的宪宗李纯把信佛这件事搞到了登峰造极。

公元819年，宪宗李纯派人去陕西凤翔法门寺迎接佛骨，下诏沿途修路盖庙，官商民等舍物捐款，当天现场人山人海，俨然一场闹剧。《旧唐书》记载："王公士庶，奔走舍施，唯恐在后。百姓废业破产，烧顶灼臂而求供养者。天下荒荒，再无人热衷儒学。"

韩愈这时就犯了文人的通病——上书皇帝，反对过度信佛，并写下《谏迎佛骨表》，慷慨陈词，大义凛然。他历陈佛法在中国的传播，并谏言：凡是信佛的朝代，寿命都不长，所以他认为信佛不可取，尤其不可劳民伤财。

然而，这在信佛信到极度痴迷的唐宪宗面前，简直大逆不道。被激怒的宪宗立刻把宰相裴度叫来，气愤地说："爱卿，韩愈说我信佛过了头，人各有志，他不信佛我可以不追究，但是他竟然说信佛的皇帝寿命都不长，这不是在咒我死吗？就凭这一点我就不能饶他，一定要把他杀掉！"

幸亏有裴度等众多官员替韩愈求情，才免去死罪。唐宪宗大喝一声赶出京城，贬到八千里外的海边潮州。

这一贬，韩愈的人生迎来巨大转折。

长安到潮州，山长水远。路过陕西蓝田关时，正下大雪，又传来了他的家人遭受株连被赶出京城、年幼的女儿染上恶疾死在途中的消息。晚年丧女，韩愈愧疚交加，悲痛万分。

"云横秦岭、雪拥蓝关"，成为后世对崎岖的极限表达。蓝关古道位于今日陕西省蓝田县，山路崎岖且窄小，"一山未尽一山迎，百里都无半里平"，秦始皇五次出巡，有两次经过这里。唐时的迁徙大多途经此地，韩愈在这里留下名句就不稀奇了。

两个多月的颠沛流离，韩愈终于来到潮州。

唐朝时期的潮州，属于尚未开发的蛮荒瘴疠之地，远不如中原地区文明、繁华。这里毒虫遍地，猛兽成群，这让韩愈不敢奢望活着离开潮州，让侄孙"好收吾骨瘴江边"。

但当他置身潮州，了解到百姓的疾苦，儒家文人的使命感和社会责任感战胜了个人情感。虽然韩愈在潮州为官只有短短八个月，却做成了四件大事。

潮州城外有一条河，河中鳄鱼泛滥。这些鳄鱼不但捕食百姓的牲畜，还窜到岸上伤人。当地百姓由于尚未开化，迷信盛行，一些装神弄鬼的巫婆竟用"童男童女"祭祀鳄鱼，每年有孩子的家庭都要经过地狱般的折磨，不知多少人葬身鳄口，于是这条河也成为当地人口中的"恶溪"。

鳄鱼，潮州自古就有，但是在韩愈之前很多官员从来没想过治理。韩愈上任还不到一个月就招揽民夫，改修河道，摆下陷阱，设强弓毒箭，大规模的鳄鱼治理活动得到百姓的拥护。特别可爱的是，韩愈以为鳄鱼能听懂他的文章，连夜撰写了一篇极其有趣的《祭鳄鱼文》，他在文中劝说鳄鱼赶紧搬家，到潮州边缘的大海去安家……还煞有介事地给鳄鱼列出了时间表，限其"三天内迁走，三天不行就五天，五天再不行就七天。要是七天还不行，那就是瞧不起本刺史，届时本刺史将带领善于捕猎的军民将你们一网打尽"。

《祭鳄鱼文》写成后，韩愈召集百姓，在古渡口举行了讨伐鳄鱼的仪式。仿佛天也助他，当天晚上雷电交加，天亮后整个溪水干涸，鳄鱼迁出城外六十里，困扰潮州许久的鳄鱼之患从此消除。

潮州这个蛮荒之地，买卖人口成风，韩愈借鉴了好友柳宗元在柳州的做法，采取"计庸"的方式来解决因债务纠葛而没良为奴的矛盾。无法解决的，则由官府"以钱赎"，还奴婢以自由。在潮州八个月，释放奴婢731人。

接下来就是关心农桑了，韩愈写文传播北方的农事经验，开凿水渠以利农田灌溉，使这一沿海地带的农业得到长足发展。

办学兴教是韩愈刚到潮州就极力推行的。从鳄鱼事件中，他看到人们的愚昧，皆为教育缺失，他捐出了他在潮州任上八个月的所有俸银用于办学费用，即"出己俸百千，以为举本"，把中原的教育和文化带到潮州。办学的同时，韩愈还"以正音为潮人诲"，推广唐朝普通话，规范语言。到了北宋初年，潮州已人才辈出，赢得"海滨邹鲁"的美誉。

在韩愈到来之前，潮州的鳄鱼、买卖人口、教育荒废等四个问题早已存在，而地方官吏走马灯似的更换，任职超过八个月的也大有人在，却没有人想到去解决这些问题。

而韩愈所在的潮州，鳄溪改名为韩江；当年祭鳄的古渡口修建起一座亭子，名为韩亭；笔架山改称韩山；城区建造了韩文公祠。甚至潮州人给自己的孩子起名时，也有意无意间加进"韩愈"二字。潮州公安局曾披露一件当地人名趣事：当时潮州市200多万人，很多人的名字跟韩愈有关系，其中名字有韩字的2021人，带愈字的则有1764人。可见韩愈对潮州的影响之深。

韩愈在潮八个月，潮山潮水皆姓韩。

### 精要絮语

韩愈的个人遭际，却成为潮州的福气。千百年来，潮州人把韩愈尊为"吾潮导师"，潮州的山山水水都有了韩愈的身影。

## ⦿ 当年，李白绕过西湖

李白，这位最伟大的浪漫主义诗人，他为何错过了杭州的浪漫、西湖的旖旎呢？

回望唐朝的三位大诗人李白、杜甫、白居易，唯"小弟"白居易，参与了西湖俊美的出落。

李白他热情洋溢，想象雄奇，一生热爱名山大川，也向往名湖大江，一切旖旎的风景都逃不出他的追索。令人惋惜的是，杭州的繁盛，西湖的成型，竟与这位旷世奇才失之交臂。

李白绣口吐出的半个盛唐里，没有西湖。

李白与杭州，正如阿基米德所说，"在错的时间遇上对的人，一生叹息"。倘若他们在对的时间相遇，一场思想与诗词的热情碰撞，不知会为这个世界产生出多少瑰丽的奇迹。

我曾在浩如烟海的史料中求证李白与杭州"失联"的原因——李白错过了西湖的长成。

相比今天的盛况，彼时的杭州养在深闺，一块璞玉等待雕琢，寂寂悢悢，远未成型。那时的西湖，被葑草淤泥遮蔽，更无观光价值。

开元盛世，杭州仍在"发育"。一个名叫李良的四川人，是李白的族侄，曾做过一任杭州刺史。李白一生至少有三次到越东，开元十四年（公元726年）、开元二十七年（公元739年）和天宝六年（公元747年）。

开元二十七年，观赏完天下闻名的钱塘大潮后，李白和侄子李良乘坐五马大车，与西湖擦肩而过，寻访天竺寺去了，留下诗篇《与从侄杭州刺史良游天竺寺》——

挂席凌蓬丘，观涛憩樟楼。
三山动逸兴，五马同遨游。

……

这应是李白最为"杭州"的佳作。天竺寺位于西湖西面，在天竺山和灵隐寺之间，李白曾游天竺，说明他当时已经十分接近杭州腹地，距西湖咫尺之遥。可惜他却不曾向前多走几步，若是他看到西湖——哪怕葑草连湖，想必他只看上一眼，也该为西湖留下只言片语的瑰丽。

有限的诗句证明，李白是绕着西湖行吟，却没能留下响彻历史的名篇。

后人大多记得白居易的"未能抛得杭州去""孤山寺北贾亭西"，正因白居易"深耕"杭州，才使得西湖一步步走出深闺，百年的涵养与孕育才让西湖幸遇白居易。白居易用几十年装扮西湖，这几十年的相隔，注定成为李白与西湖的错过。

正因西湖"出道"甚晚，相比之下，彼时的钱江大潮对世人的吸引远胜于西湖，于是李白有幸成为钱江弄潮儿。

李白时代的杭州，位于萧山的西陵渡远比西湖繁盛。

西陵渡位于西兴镇（今属滨江区），设有驿站——西兴驿。这是萧山境内最悠久的驿站，也是浙东唐诗之路的起点。唐代包括李白在内的四百余位诗人由杭入越，在东游名山大川前，先在西兴驿登陆，游西陵、登樟亭、住驿站、观海潮，睹物生情，缅怀先人，然后再下内河登船，经萧山、绍兴，自鉴湖沿着曹娥江南行入剡溪，溯流而上，直达天台山石梁瀑布。一首《梦游天姥吟留别》，不知多少文人雅士为之倾倒。

李白在这支东游的诗人大军中，为萧山留下的痕迹远远超过彼时地理意义上的杭州。他曾在西兴驿醉后观潮，作《横江词》：

海神来过恶风回，浪打天门石壁开。
浙江八月何如此，涛如连山喷雪来。

这样的诗句，多么"李白"！

此为李白围绕杭州"转圈"的又一佐证。与西湖的清秀纤丽相比，壮阔咆涌的钱江潮更贴近豪放不羁的李白。

李白仗义，喜爱以诗会友。一次夜宿萧山，遇店主夫妇争夺西施故里所在。听说来客是诗人李白,店主夫妇肃然起敬,便说明原委。原来男店主老家住在苎萝山东,因入赘到苎萝山西开了爿酒店兼营住宿。苎萝山周围西施古迹颇多,但西施究竟出生于苎萝山东还是苎萝山西,夫妻各执一词,互不相让。

李白一路最喜奇闻逸事,对西施故里之争顿觉好奇,但也不敢贸然武断,第二天由店主夫妇作向导,游览了现属萧山、诸暨两地的西施古迹群——苎萝山、若耶溪、浣纱石、西施庙,游览归来分别作诗两首,各赠男女店主。

送女店主的诗为《送祝八之江东赋得浣纱石》:

> 西施越溪女,明艳光云海。
> 未入吴王宫殿时,浣纱古石今犹在。
> 桃李新开映古查,菖蒲犹短出平沙。
> 昔日红粉照流水,今日青苔覆落花。
> 君去西秦适东越,碧山青水几超忽。
> 若到天涯思故人,浣江石上窥明月。

送男店主的诗为《咏苎萝山》:

> 西施越溪女,出自苎萝山。
> 秀色掩今古,荷花羞玉颜。
> 浣纱弄碧水,自与清波闲。
> 皓齿信难开,沉吟碧云间。
> 勾践征绝艳,扬蛾入吴关。
> 提携馆娃宫,杳渺讵可攀。
> 一破夫差国,千秋竟不还。

读罢李白的诗,夫妻相视一笑,遂弃前嫌。

李白在萧山的逗留,留下许多地名上的证明,比如浦阳江,《送杨山人归天台》诗云：

> 客有思天台，
> 东行路超忽。
> 涛落浙江秋，
> 沙明浦阳月。
> ……

当时萧山浦阳江就有以船相连的浮桥，李白就在这里送别朋友。

当李白辞世，百年之后的西湖，渐渐进入杭州历史上的鼎盛时期，城区大面积拓延，经济大幅度增长，人口数量迅速增加，直至今天西湖也是流光溢彩。

幸有萧山的钱塘胜景，挽留过这位千古诗仙。

### 精要絮语

常常想西湖在李白笔下，会是什么样？

遗憾的是他们却如此错过。李白之于杭州，可谓是早生百年。

## ⊙ 世间最美的刑罚

822年，诗人白居易出任杭州刺史。

后世的人们，大多记得他留给杭州的诸多诗词，可在明末清初的怪才张岱眼里，白居易是这样"施政"的："白乐天守杭州，政平讼简，贫民有犯法者，于西湖种树几株；富民有赎罪者，令于西湖开葑田数亩……"（《西湖梦寻》）

庶民犯法，不是投去大狱，而是根据犯罪程度罚他去湖边植柳。植柳以五棵为底线，重罪往上累加。

不得不感叹，世间竟有这等美好的刑罚！

白居易是个"官二代",幼时曾跟随在杭州做官的父亲到过杭州,西湖美景让他念念不忘,对西湖有着特殊的感情。

这次轮到他自己当了杭州父母官,看到西湖先前筑的拦水堤年久失修,几乎荒废,到任后第一件事就是亲自主持修建一条拦湖大堤,是为白堤。为了说明筑堤的作用、灌溉方法,告诫后任刺史在使用这条堤时应注意的事项,白居易专门写了一篇《钱塘湖石记》。如今白居易的这篇文章仍刻于杭州西湖北角圣塘闸照壁。

筑堤的同时,白居易看到西湖与六井的通道严重淤塞,百姓吃水困难,他又带领杭州人民疏浚输水通道和六井,保证西湖水质清澈。

然而,这样的工程量需要大量民众参与,但民众人数有限,而那些监牢中的罪犯却相对闲置,于是他心生一计,让犯罪者去湖边植树,并告知要植垂柳。

种柳、开田也算服刑,是白居易治理西湖的一妙计。

看来文人当政自有其独树一帜的奇绝,难怪数年后,西湖"湖葑尽拓,树木成荫。乐天每于此地,载妓看山,寻花问柳"。

这白乐天,真真乐天!

从此,西湖的水滨堤岸一派葱茏,最爱湖东行不足,大概就是那时白居易视察湖边时的抚髯一笑。他以诗人的敏锐率先感知了柳之于西湖的意义。

白堤垂柳

每至春天,漫步白堤,最先映入眼帘的总是堤两旁的袅袅烟柳,正暗合了湖水的气质。春日的西子湖怎能少了这头秀发！否则，那美目盈盈的一湖春水，去映照谁呢？

西湖本已面如满月，再被白诗人植柳，犹如巧梳眉发，于是才美得胜比西子，柔媚入骨。

我曾暗自比较天下柳与西湖柳。无疑，西湖的柳只属于西湖。它是被这片特定的湖光山色围合而成，接了西湖天然的地气，晕染着浓得化不开的人文情愫，其梢头仔芽间缠绕的是白娘子悠扬的水袖，枝干挂过许仙的雨伞。至于苏小小的倾情奔跑，梁祝的十八相送，更被这堤岸的一棵棵柳树深情目送。这样的拂堤之风，沐堤之雨，只属于白堤了。

当白居易任满离杭，杭州百姓倾城相送。诗人感慨万分："处处回头尽堪恋，就中难别是湖边。"

幸亏白居易的别出心裁，今天当我们徜徉白堤，或许某棵弯腰吻水的垂柳，正是一千多年前的某罪民所栽……

几百年后，苏东坡来到杭州。

1071 年，苏轼任杭州通判。前朝的子民已为西湖打下不错的基础，陶醉于这片湖光山色之中，烦恼和郁闷不觉间消融在这秀山丽水中，因此苏轼写下了这句"我本无家更安往，故乡无此好湖山"。

苏轼在杭州的官邸位于凤凰山顶，可俯瞰西湖，南见钱塘江。在流连风景的同时，他也注意到西湖已经出现了一定程度的淤塞和葑草蔓延。当他第二次到杭州为官时，即 1089 年，已经 54 岁，离别西湖也已 15 年。

这 15 年间，苏东坡经历了人生中的大起大落，尝尽人间疾苦，看透世态炎凉。

相对于白刺史的"妙计"，苏堤更是别出心裁。原来，此时的西湖，淤塞过半，乱草蓬生，湖水干涸。由于人们围湖种田，西湖的"生态环境"突然恶化，春则大雨成灾，夏则大旱成患，水旱灾害又引发疫病流行……苏东坡立即上书。他在给朝廷的奏折《乞开杭州西湖状》中写道："杭州之有西湖，如人之有眉目，盖不可废也。"

在他的主持下，1090 年，大规模疏浚西湖的工程开始了。

此时，苏轼虽没动用罪犯，但资金匮乏，只得把朝廷给他的一百道僧人的度牒，卖了一万七千贯钱，并采用以工代赈的办法，发动民工二十万下湖淘浚。治湖挖出的大量葑草与泥土被堆成一条纵贯湖面的长堤，是为苏堤。一方面不仅方便湖上交通，另一方面也在景观上连接西湖南北，将西湖分作内外两湖。又建了映波、锁澜、望山、压堤、东浦、跨虹六座石桥以沟通长堤两旁的湖水。苏堤的西湖水利工程大大改变了唐代以来西湖风景的格局，丰富了西湖风景的层次和韵味。此后千年，"苏堤春晓"一直为天下人向往，为西湖十景之首。

为了防止西湖再次淤塞，苏东坡在湖中立三座石塔，规定石塔以内水面不准种植菱藕，更不准占湖为田。这三座石塔，到后来便成了西湖十景之一的"三潭印月"。

### 精要絮语

原来，在诗人官员治下，让罪犯去植柳开田，也别有一番"风雅与幸福"。

## ⊙ 宁为宇宙闲吟客

> 泾溪石险人兢慎，终岁不闻倾覆人。
> 却是平流无石处，时时闻说有沉沦。
> ——唐·杜荀鹤《泾溪》

灿烂的唐诗天空中，因为这首诗，让我记住一个名字——杜荀鹤。

初读这首诗，尚且年轻，惊讶于这样心思缜密、通透、清醒之人，他该有怎样的人生呢？

遍览他的一生，却发现凡诗人极少幸运。

杜荀鹤生长的年代，已至晚唐。

朝代一旦到"晚"期，与"初、盛"时期截然不同。

唐朝的统治时间为618年至907年，846年出生的杜荀鹤，目击了整段的晚唐时期，公元904年，杜荀鹤离世。三年后的907年，朱温逼唐哀宗禅位，结束了李唐289年的历史。

可见，杜荀鹤后半生的关键人物，无疑该是梁王朱温了。

八年的"安史之乱"，让大唐由繁盛走向衰颓。到后期，宦官专权、藩镇割据、吏治腐败等政局乱象频出，民怨沸腾，多地相继发生动乱，最终引发了黄巢起义，杜荀鹤目睹了这一切。

这个时代到底有多乱？

杜荀鹤曾亲眼见过一位战乱失去丈夫的贫困民妇，为了逃离乱世，跑到深山，住破茅草屋，靠挖野菜糊口苟活。

杜荀鹤自幼颖悟过人，17岁就在诗坛崭露头角。自然也希望能与读书人一样科举入世，一举成名。只可惜命运多舛，从咸通十一年（870年）至大顺元年（890年），他数次赴长安应考均以落第告终。

赶上晚唐的没落，中年之前遭受太多坎坷，杜荀鹤晚年转而"在意"起功名，生出个光宗耀祖的心思。苦心孤诣写诗投赠给当时的诸多权贵名人，虽获得了赏识，却无人提携。

此时，内有宦官专权，外有藩镇割据，农民义军则风起云涌，兵连祸结，民不聊生。唐王朝已风雨飘摇，濒临末日。

求官晋仕，成为彼时天下才子绕不过的一道单项选择题。黄巢起义后，李唐王朝摇摇欲坠，半生读书的杜荀鹤强烈地渴望一官半职，于是作诗拜谒朱温。

碰巧朱温正在招贤纳士，杜荀鹤献上《时世行》十首，并提出"省徭役，薄赋敛"等建议。朱温的一位部下敬翔，窥透杜荀鹤的心思，对他说，你"稍削古风，即可进身"，杜荀鹤于是献上《颂德诗》三十首取悦朱温。

朱温刚从尸体堆爬出来，暴戾无常，动辄杀人，久久没给杜荀鹤回应。杜荀鹤心灰意冷想要回乡，可是朱温的下属又担心说不定哪天，朱温忽然召见杜荀鹤，放走人岂不被怪罪！于是一直把他困在客舍。

果然，几个月后的一个清早，朱温突然想起了穷书生杜荀鹤，命人把他找来。

朱温见到杜荀鹤时，正值天在下雨。朱温仰头看天，此时天无片云，只是雨点很大,他走到窗前,看了很久,又坐下对杜荀鹤说:"秀才,你曾经见过无云雨吗?"

杜荀鹤说:"没有见过。"

朱温笑着说:"这就是所谓无云而雨,叫作天哭。不知是什么征兆?"又大笑,左右的人顿时大惊失色,汗如雨下。

朱温徐徐对左右的人说:"拿纸笔来,请秀才写首无云雨的诗吧。"

杜荀鹤不敢推辞,小心翼翼地在座位上写下《梁王坐上赋无云雨》:

同是乾坤事不同,雨丝飞洒日轮中。
若教阴朗都相似,争表梁王造化功。

朱温看后大喜,杜荀鹤浅白的奉承终于获得了朱温欢心,把他推荐到礼部,杜荀鹤再赴长安赶考,于大顺二年(891年)考中进士,时年46岁。后来朱温又写表推荐,杜荀鹤先后授翰林学士、主客员外郎、知制诰。

为官的心愿得成,杜荀鹤却并没感到由衷的快乐。

行走世间四十余载,也曾慷慨陈词揭露时弊,然而世事艰难之际,为世俗功名所累,投靠小人,为一个官位不惜趋炎附势,无奈之下,得到后人一个扎心的评价和一个"失节"的背影。

人生如棋,一招走错,满盘皆输。

到天祐元年(904年),杜荀鹤"遘重疾,旬日而卒",结束了奔波的一生。

生命的最后,杜荀鹤曾在《自叙》中聊表心志:

酒瓮琴书伴病身,熟谙时事乐于贫。
宁为宇宙闲吟客,怕作乾坤窃禄人。

原来,"闲吟客"的下一句才最显心性与情怀:怕作乾坤窃禄人。

原来,经历了人生的刀剑浮沉,《泾溪》的体悟才不请自来。

杜荀鹤身后又过八百年,温柔富贵乡里的曹雪芹,直到有朝一日国家不幸，整个人泡在了那把辛酸泪里，才有了红楼一梦里的满纸荒唐言。与曹同一时期的诗人赵翼慨然叹之："国家不幸诗家幸，赋到沧桑句便工。"

精要絮语·

赋到沧桑，方得"工句"。身为文人，选择了为官这道题，解题过程往往充满难言的变数，整个人也变得复杂、立体而多面。正如茨威格那句名言："所有命运馈赠的礼物，其实早已在暗中标好了价格。"

## ⊙ 林和靖：谁肯抱鹤家西湖

一千多年前的一个初春，钱塘少年林和靖，奉父命前往钱塘梅知府家送一幅字画，门叩数声无人应答，而后仆人开门引至客厅却又久久不见主人，正愤然大户人家的傲慢无理，却听梅园那边笑如银铃，原来，梅家小姐梅攸攸正指点女孩们修剪梅树。那梅攸攸红衣粉面，在千树万树中站成了一枝梅，那双如水秀目顾盼生姿，正向他这边望过来。

四目相对，谁也不忍移开……这时，仆人通报说主人不在家，收下字画，付了润笔费，林和靖恋恋离去。自此一心一意地画起梅来。

不久，林家收到梅府的请柬，请他们父子前去赏梅。

林和靖随父欣然前往，梅知府把他们父子一一介绍给其他宾客。林和靖适时将他的画献出来，赢得赞声一片，他却羞赧地站在一边，涨红了脸。

须臾，客人们便由梅知府陪着到花园赏梅。幽幽梅香更令林和靖惦记那红衣粉影，却迟迟不见梅家小姐，生性内向的他实在不愿继续附庸风雅，便偷偷地溜回家。

这时，梅知府叫过林父："你家公子呢？我那女儿看了他画的梅花，十分折服，想拜他为师。"林父这才发现儿子已经回府。

林父回到家里，将儿子一顿训斥："梅家小姐想见你，拜你为师学画梅花，你却不识抬举，好扫兴。"

## 第五章 在野或在朝：天下才子难以回避的选择题

林和靖好生懊悔，他重重地拍了拍自己的头。他多想再到梅家赏梅，却机会不再。

度日如年之时，梅府终于派人送来一大束梅花，并附书一札。林和靖双手颤颤悠悠地拆开，信笺是影印的梅花笺，淡淡的梅香从纸间散出，字迹间尽显梅攸攸兰心蕙质又兼梅之风骨。林和靖不禁欣喜若狂，遂回信一诉衷情。

一日，机会终于来了，却是为梅家送行。梅知府被召进京做官，全城达官皆去相送。林和靖失魂落魄般跟着父亲来到吴山脚下的渡口。

那个红衣身影，却遍寻不见。

船掉了头，缓缓驶向对岸的越山脚。这时，船侧红色绣帘撩了起来，梅家女孩伸出头，泪水盈盈地望着岸边，很快看见了林和靖，四目再次相对，那清澈无邪如深潭般的眼神，使他全身一股热潮漫过，两脚绵绵地几乎倒去。这时，潮水涨起，船开始颠簸，帘子很快放了下来。船悠悠远去……

林和靖不知自己如何回到家中，然后大病一场，写下一首《长相思·吴山青》：

吴山青，越山青，两岸青山相送迎，谁知离别情？
君泪盈，妾泪盈，罗带同心结未成，江头潮已平。

林和靖曾多次去梅府凭望梅园，但人去景非。后来他辗转于吴越之间，卖画为生。最后来到孤山之下，垦一块荒地，遍植梅花，再养一群白鹤，谢绝了所有媒妁之意。清晨有鹤，月下有酒，一群知友常来访他，彼此诗酒酬和。梅，成为挥之不去的爱情；鹤，成为忠实的信使。每每有友来访，他就放出爱鹤，并在鹤腿绑上纸条，杭州城内的店铺主人一看鹤腿纸条所列数目，便知林和靖来了多少朋友，准备相应的酒菜茶食……

"疏影横斜水清浅，暗香浮动月黄昏。"一个男人就这样怀揣了一个女人的影子，终老一生，是为"梅妻鹤子"。

"山麓多梅，为林和靖放鹤之地。林逋隐居孤山，宋真宗征之不就，赐

号和靖处士。"（张岱《孤山》）

贪恋西湖美景的人不计其数，但是似林和靖这般痴缠而终的似乎不多，苏轼感喟"故乡无此好湖山"，白乐天"未能抛得杭州去"，苏曼殊"何时归看浙江潮"，但他们往往在痴恋美景的同时更兼得人间烟火之乐，男欢女爱更是信手拈来，哪个甘于远离舞台歌榭，一个人清心寡欲呢？苏轼有朝云、琴操，苏曼殊半僧半俗，白居易也不拒风流，唯独锦心绣口的林和靖，甘于形单影只。

没错。怀抱一个只谋两面的影子，誓将一个洁净身，揣了梅与鹤，付与这片湖光山色。

张岱在《林和靖墓柱铭》中题：云出无心，谁放林间双鹤。月明有意，即思冢上孤梅。

时光漫过三个朝代，一个叫吴文溥的青年人来访孤山，抚过梅之暗香，仰之鹤已入云，遂把青涩少年和红衣粉面拢于笔下：

> 春风欲来山已知，
> 山南梅萼先破枝。
> 高人去后春草草，
> 万古孤山迹如扫。
> 巢居阁畔酒可沽，
> 幸有我来山未孤。
> 笑问梅花肯妻我，
> 我将抱鹤家西湖。

### 精要絮语

两次见面，远远对望，言语也无，更哪堪离别的吴山脚下，越水岸边，一个模糊的身影，丝毫不妨碍胸怀梅意，抱鹤西湖。孤山便有了特别的意义。

第五章　在野或在朝：天下才子难以回避的选择题

## ◉ 笔底明珠无处卖

四百多年前的一个中秋夜，徐文长客居杭州。

他在天竺寺岣嵝山房独自一人饮酒赏月，口中断续地吟哦：岣嵝诗客学全真，半日深山说鬼神……

几杯闷酒，渐觉醉眼蒙胧。忽然想起诗友们说过孤山望湖亭赏月最佳，于是趁着月色，踱着方步，向孤山方向，迤逦而来。

他走走停停，一面欣赏西湖月色，一面吟着咏月诗句，不觉已来到望湖亭前。

这时，一轮皓月当空，风清清，水碧碧，远山蒙纱，近树笼烟，使人如置身于琼楼玉宇之中。他不禁诗兴勃发，画意盎然。

这时，猛听得望湖亭里传出一片吟诗声。原来，亭子里面坐满了人，桌上红烛高照，摆满了西瓜、红菱、月饼等各式鲜果酒肴，还有笔墨纸砚……一群文人雅士正在这里饮酒赏月，赋诗作画。

徐文长信步走了进去，想一睹雅兴。

望湖亭里，果然是西泠诗社的文人雅士在饮酒赏月，正喝得兴高采烈，见有个陌生人进来，顿时没了声息。主持人见徐文长身穿青衫，头戴方巾，一副文士打扮，虽然衣着简朴，但雅而不俗，仪态从容，觉得不可怠慢，就起身把手一拱，招呼说："今日中秋佳节，我们西泠诗社社友，特在此饮酒赏月，作画吟诗。兄台如有雅兴，不妨稍坐片刻，以便求教。"说罢，将手向四壁挂着的书画一挥。

徐文长看罢诗画，原想稍停一会就走，见他们有的面露骄矜之色，心想：好吧，正愁没有纸笔抒怀，何不借此凑趣？他来到书案前，将雪白的宣纸一铺，手执羊毫湖笔，饱蘸浓墨，淡淡几笔，宣纸上隐现一轮圆月，又唰唰几笔，水中也映出圆月一轮，然后运墨，远处山色朦胧，近处湖亭跃然，湖上一叶扁舟，渔翁独酌月影……

文士们围来观看，见徐文长顷刻之间，画好一幅"平湖秋月"，落笔不凡，十分惊讶。主持人看徐文长画得不俗，想试试他的文才，就请他在画上题诗一首。徐文长也不推辞，提起笔并不思索写下两句：

天上一轮圆圆月，
水中圆圆一轮月。

"'天上一轮圆圆月，水中圆圆一轮月。'哈哈，这也算诗吗？"文士们正议论间，只见徐文长又提笔写下两句：

一色湖光万顷秋，
天堂人间共圆月。

文士们大吃一惊。他们原以为下面写不出什么好句子来，没想到徐文长这么一转一收，四句联起来一读，真是奇句妙文，情景交融，禁不住同声叫好："佳句，佳句，不知兄台来自何处，我等失敬！"

徐文长朝大家一笑，又提笔兴来，转眼间顿成一首七言绝句：

平湖一色万顷秋，
湖光渺渺水长流。
秋月圆圆世间少，
月好四时最宜秋。

文士们一看，好别致！什么"桂子纷纷点玉壶"，什么"不知秋思落谁家"，一时间在这四句映衬下，皆显不及了。

奇的是，他故意将每句的第一个字特别放大，众人连起来一读，竟是"平湖秋月"，好一首藏头诗！

大家拍手称绝，要徐文长留下高姓大名。

徐文长并不回答，只一笑，踏着月色，绝尘而去。

这是徐文长留给历史的最为传神的画面：清瘦，长衫，落拓，不羁……也是人们每每经过平湖秋月时必想起的悠长背影。

有一年春节，我留在杭州，特意去绍兴的青藤书屋拜谒徐文长祖居。

虽门外攘攘，进门后却觉室雅人静。在书屋流连半日，为书屋主人的半生零落、凄惨际遇而心情滞重，胸口雍塞着如同沉疴一般。正应了他那首《题墨葡萄诗》：

半生落魄已成翁，独立书斋啸晚风。
笔底明珠无处卖，闲抛闲掷野藤中。

好一个"笔底明珠无处卖"！

张爱玲说过出名要趁早，如徐文长，他成名时只有十岁。

成年后名闻天下，才高八斗，但他最突出的能力既不是绘画，也不是书法，更不是诗词，而是兵法。

说他精通兵法，绝非纸上谈兵。明朝大名鼎鼎的李家大将李成梁、李如松、李如柏父子三人，骁勇善战，熟悉军事，而徐文长就是他们的兵法老师。

但他骨子里仍是一介文人。

中国古代文人幸运的不多。徐文长连考八次，未能中举，已年逾不惑。却在兵法上独树一帜，还参加了部分战役，同时又遭构陷入狱，出狱后的他早已看淡生死、看破红尘。晚年家庭又遭不幸，与儿子不和，误杀妻子，独居乡下，钱财散尽，靠卖字画度日。经历了半生的痛苦和磨难，贫病交加，终年73岁，身边唯有一条老狗相伴，身上只裹着两捆稻草。

在了解这位蹇困癫狂的才子生平之后，每读及此，总有泫然欲泪之憾。

### 精要絮语

明清两代，江浙地区文人辈出。徐文长的诗虽留世不多，但大多题在画上，形成青藤画派，这个孤绝无畏的文士背影，留给后人奇丽浩瀚的书画诗章，更映下一轮独一无二的月亮。

## ⊙ 湖山一"粒"人

杭州萧山机场一楼候机厅的墙上，有一幅巨画，一树娇艳欲滴的桃花喷薄而出，几乎爆出画面，似乎就要伸到人的面前，花枝下是一湖碧水，那桃花的颜色也艳丽如洗，以至整张画形成强烈的色彩层次，让每一个乘客眼前一亮。

就在这幅画的一侧，袅袅娜娜地附诗一首：

烟柳幕桃花，
红玉沉秋水。
文弱不胜夜，
西施刚睡起。

这首诗，太杭州！

惊异地发现，作者正是鬼才张岱。

难怪，张岱这个明清之交的幽灵，终日飘荡在西湖这片湖山，每一寸土地，每座山，每棵树，每座寺庙，每条路，每架桥，其至，西湖水面的一纹一波，就像他手心的纹路，信手拈来，脱口而出……站在断桥，往湖山一望，一个湖痴就疯疯癫癫地立在眼前。

在西湖，张岱就像太阳的影子，走到哪里别想摆脱。薄薄一本《西湖梦寻》，把西湖里里外外上上下下说个通透，一些大众性地名，如玉泉寺、孤

第五章 在野或在朝：天下才子难以回避的选择题

山、苏小小墓、葛岭、苏堤，自然不用引路，许多生僻地名，如哇哇宕、韬光庵、岣嵝山房、紫云洞，好神秘，只能按文索骥去追访。

像张岱这样的性情，若非富家子弟，这份洒脱就显得矫情了。正是显宦之家，名门望族，给了他东游西逛的自由。但也必须承认，有这份自由的，未必拥有他的文学天赋，小小年纪已经读书三万卷，俨然一个小神童。这个纨绔子弟爱好精舍美婢，鲜衣美食，骏马华灯，烟火梨园，古董花鸟，兼以茶淫橘虐，书蠹诗魔。

张岱的前半生过得悠哉游哉，不仅爱玩，还都能玩出花样来。这其中频频为人称道的，当属其传奇的"茶淫"人生。

作为明朝遗民，张岱的一生如茶沉浮。明朝灭亡，国破家亡的张岱，带着自己的笔游玩于天地间，成为一个文学"流浪人"。流浪所著，将各色人等、世间万物辑于一书《夜行船》，天文地理、古玩奇器、珍禽异兽、诸子百家、宫廷秘闻、草木花卉、三教九流、鬼怪神异等，尤以茶痴流传后世。

《闵老子茶》一文写得精灵古怪，张岱在文中记述自己与南京茶人闵汶水品茶辨泉，妙趣横生。那闵汶水本已是资深茶人，自称不用喝茶就能辨别茶的优劣。起初张岱听说后有点不服气，特去一探。而那闵老人听说张岱来寻，故意"凉"他，整天不回家。可是，当他很晚回家，却见张岱仍没离去，闵老人极为感动，但也有意试探他的茶品。

二人从阆苑茶的产地，到阆苑茶的制法，张岱竟品出闵老人为他炮制的，竟是他家乡的罗芥茶，只不过用了阆苑茶的制法。看到如此精微细节的张岱，闵老人还要继续考下去，直到张岱辨别出了真伪惠泉水，闵老人才真正对他连连称奇。

但这还不是最奇的，张岱连春茶和秋茶都辨得一清二楚，这时老者才真正佩服了张岱这个茶中高人。

1632年，别看北方枪炮隆隆，尽出大事，江南却有片刻安宁。张岱隐居在西湖边。一个下雪天，他乘船夜游湖心亭，在亭子里遇到两个像他一样来赏雪的人。回去后，张岱写了《湖心亭看雪》：

崇祯五年十二月，余住西湖。大雪三日，湖中人鸟声俱绝。

是日更定矣，余拏一小舟，拥毳衣炉火，独往湖心亭看雪。雾凇沆砀，天与云与山与水，上下一白。湖上影子，惟长堤一痕、湖心亭一点、与余舟一芥、舟中人两三粒而已。

……

百余字，托出一幅幽静深远的西湖飘雪图，一个放浪不羁、钟情山水的孤傲文人，长堤似痕、湖心亭一点、余舟一芥已然惊艳，而将人以"粒"度量，张岱算得世间第一人了。

试想，西湖冬夜，一人划着小船，独自往西湖看雪。谁知湖心亭已有人捷足先登，对坐煮酒，"莫说相公痴，更有痴似相公者"！

也只有如此性灵之人，希望把这个世界的芸芸众生参得只剩"一粒"，空灵诡异、万迹皆绝的空旷静寂，还原为人类和世界的样子。

然而他赶上了动荡年月，朝代交替之际，空有一身才艺，却没有人懂得欣赏，也只能孤芳自赏，在看似热闹的落拓不羁中消磨时光。

这样一颗有趣的灵魂，果然高寿——93岁。灵异古怪如他，虽寥落、哀绝了些，但他赋予西湖以及世间万物以别样的灵魂，世界也因之而灵动。

### 精要絮语

西湖的灵魂，一定属于张岱。

读过了张岱，从此认定，古人做过的最浪漫的事情一定是湖心亭看雪。

## ⊙ 能潦倒，也逍遥

秋入鸣皋，爽气飘萧。挂衣冠、初脱尘劳。窗间岩岫，看尽昏朝。夜山低，晴山近，晓山高。

细数闲来，几处村醪。醉模糊、信手挥毫。等闲陶写，问甚风骚。乐因

## 第五章　在野或在朝：天下才子难以回避的选择题

循，能潦倒，也消摇。

——许古《行香子》

许古是古代诗人中一个异数，一个尴尬的存在。

这实在与他身处日益衰落的金朝末期以及仕途多舛有关。

1200年左右，想想那时段的金、宋、辽混战，无论这三个朝廷中的哪一个官员，无不都是人心惶惶。

1194年，许古考中词赋科进士。为金朝服务，又作为谏官，无论哪个部族，也无论哪个朝廷，官场伴君如伴虎。况且，许古夹在金、宋、辽三朝混战中，朝廷自身不保，特别是那段时间金朝在北方受到蒙古部落猛烈攻击，与南宋的关系也急剧恶化。

作为汉人，在讨论金宋关系时，许古力主避免对宋作战，在金宣宗准备对宋开战之后，他又极力主张和解，以免两面受敌。如此复杂、矛盾的背景下，在1219年，许古没能逃脱免职的命运，并且这已是第二次。

闲居无官的日子，许古居住在伊阳（今河南嵩县），当地郡守给他建造了伊川亭。他经常乘船到村落中去，与村民一起喝酒行令，经常十多天不回家，当他沿河逆流而上时，老幼争着替他牵拉船只，可见当时他非常受百姓欢迎。

正是在伊阳居住期间，许古写下了那首著名的《行香子》。

"夜山低，晴山近，晓山高"，仿佛大战间歇中的放松，许古终于可以放松下来，与大自然融为一体。

只是，作为献州交河人（今沧州泊头），他没服务于宋廷，而是投奔了金人，或许当时人们的进仕渠道很是多元，他在金朝从政的缘由已无从知晓，但凭这首"行香子"可看出他的心情是在大起大落、大喜大悲之后的通畅。

堪比"采菊"，高于"桑麻"。自耕自织，尚能粗饭布衣自给自足，耽于田园之乐，所以居高声远。一旦挣脱了世事的芜杂，久了，必将承受一种生命中不能承受之轻，从云端落到地面，从庙堂亲近泥土，从草坡爬到泥泞，即使俯身躬耕，三餐无继，清贫潦倒，许古却能逍遥自在。

曾以为，诗人们并非心甘情愿地去归隐。丈夫之志，岂在草野？他们的一生，大都在宫殿和江湖之间犹疑多次，浸着他们多少的不甘，许多攀缘后拾起的金句，是血和泪的挣扎，灵与肉的折磨，难以摧眉折腰，是共性和写照。

有人说，如果诸葛亮不是早逝而是陪伴阿斗再长一些，诸葛亮的仕途就会安然无虞吗？也有人说，如果诸葛亮少些愚忠，不听刘备的话，废弃阿斗，三国后的历史将会改写。其实，诸葛亮的秉性铸就了他的忠诚，他若寿比南山，在守江山的时候，面前有个扶不起的主公，他无论多么圆融智慧，谁能保证阿斗身边没有赵高、和珅等类似人物？那时，全身而退才是他最大的愿望。

李白狂妄地让高力士给他脱靴，皇帝非但不怒，尚为他的"人想衣裳花想容"击节而歌，倘若没有他那秀口里的盛唐，他的头颅不知被砍掉多少回。苏轼多才也算多智，不仅牢牢占据文学半壁江山，在政治上也占据着自己的话语权，尽管几起几落，他在杭州、黄州、儋州也算造福了百姓，施展了作为。

而一个汉人投身金廷，才华再高，能力再强，又能如何？

又过了一些日子，1224年1月，金宣宗驾崩，太子金颜守绪（金哀宗）继位，许古立即被召回。

然而，此时的许古已经看透官场与人生，经历了诗人在官场的身心俱疲和挣扎沉浮，出世与入世之间反复的犹疑和彷徨，世事嬗递之间，只是情节不同而已。形式各异的厄运，不可遏止地光顾了他。也有一时得宠，但终难敌朝廷中奸佞日复一日的算计，这时，他再也没了当初直谏的勇气和魄力。意兴阑珊之际，自行辞官，告老还乡。

1230年，许古辞世。

那些本意的、被迫的、无奈的归隐和放浪，终成最后的归宿。

### 精要絮语

许古所处的时代，金朝内忧外患，风雨飘摇，时刻置于亡国的危险之下。能潦倒，也逍遥，也算一种大无大有、大彻大悟、大勘大破了。

# 第六章
## 角落里的才女：吹花嚼蕊弄冰弦

才女，一道旖旎的风景。上天为她们植入一枚才情的芯片，她们使这个世界诗情画意，轻盈翩然。

## ⊙ 咏絮女以诗才自救

一个雪花纷飞的午后,东晋名士谢安招来几个子侄,随口吟出一句:"白雪纷纷何所似?"侄子谢朗抢先答道:"撒盐空中差可拟。"谢安听后,若有所思,望向其他几个人,满含期待。

这时,一个女孩轻声吟诵:"未若柳絮因风起。"

谢安对她投去激赏的目光。

对啦,这正是谢安的侄女——谢道韫。

从此,"咏絮才"奠基了才女的一生。

谢氏家族到了谢道韫的父亲谢奕和叔叔谢安这一代,成为名门望族,号称"诗酒风流"。谢奕是东晋的安西将军,长年征战在外。谢安隐居在会稽东山谢氏庄园中,平常日子里,谢道韫与家族中的其他子弟围在谢安身边,谢安倾自己所学教授这些子侄。

谢道韫虽为女子,但才思敏捷,过目成诵,学识见识胜过一群兄弟姐妹,经常参与思辨理论,很受叔叔关注。

在世人眼里,一个旧时才女有才足矣,何谈智慧和胆略。然而,谢安有一次看到侄女正在读《毛诗序》,就想探知她的志趣:"《毛诗序》中何句最佳?"

谢道韫不假思索地答道:"天生烝民,有物有则……吉甫作诵,穆如清风。"

谢道韫所引,出自《诗经·大雅·烝民》,吉甫、仲山甫均为周时重臣,吉甫对仲山甫所具有的种种美德不吝称赞,这里引申为对叔叔谢安作为男儿勤勉为国,在战场建立功绩的仰慕。

这让谢安极为震惊。原以为正值豆蔻年华的小侄女只会钟情"关关雎

## 第六章 角落里的才女：吹花嚼蕊弄冰弦

鸠"等情诗，没想到谢道韫给出的答案竟是意高旨远、心怀天下的"烝民之诗"，不由得暗暗称奇，从此对这个小侄女更加刮目相看，称赞她"雅人深致"。

谢奕离世后，谢道韫也到了婚嫁年龄，作为一家之主的谢安主理侄女的婚事，他把目光投向了大书法家王羲之的七个儿子：王玄之、王凝之、王涣之、王肃之、王徽之、王操之、王献之。

无疑，王献之最受青睐，谢安也最中意他，遗憾的是谢道韫比王献之大出许多，姐弟恋即使在当今都不那么顺畅，何况两千年前呢？

谢安又把目光移向王羲之的儿子中最有名士风度的老五——王徽之。不过，随之发生的"雪夜访戴"事件——王徽之在一个雪夜独自饮酒，一时兴起渴望会一会老朋友戴逵，立即泛舟剡溪，但到半途又意兴阑珊，火速驾舟回府……这件事让谢安隐隐担心王徽之的品性是否有些心性浮躁，随心所欲，担心其能否始终如一。

最后，谢安选择了王羲之的次子——王凝之。

中规中矩的王凝之，从不显山露水，老实本分。加之他又禀性忠厚，笃信道教，行止端方，历任江州刺史、左将军及会稽内史，谢安为侄女的终身考虑，这个选择也算稳妥。

然而真正生活在一起时，才发现二人性情迥异，南辕北辙。王凝之资质平平，庸常无奇，特别是他信奉"五斗米教"，即道教的一个分支，热衷于占卜问卦。这在文采飞扬的谢道韫面前，不免庸俗荒唐，琴瑟难鸣。后世的秋瑾女侠曾以谢道韫自比："可怜谢道韫，不嫁鲍参军。"

当谢道韫回娘家时，对叔叔这样表达对丈夫的印象："一门叔父，则有阿大、中郎；群从兄弟，则有封、胡、遏、末。不意天壤之中，乃有王郎！"意思是我们谢家从老到少，个个都是杰出人才，俊雅不凡。可是没想到，天底下竟然还有像王凝之这样的人啊！

尽管如此，知书达礼的谢道韫仍然尽力扮好作为一个女人的所有角色，赢得了王府上下一家的交口称赞和衷心钦佩。

后来，王凝之被朝廷任命为会稽内史，主管浙东地区的军政要务，谢道韫带着儿女们离开王家老宅跟随丈夫搬到了山阴城中的内史府。

谢道韫相夫教子，生活到50多岁，绿树成荫子满枝，却因叛匪作乱打破了原本平静的生活。

公元399年10月，会稽匪首孙恩以"五斗米道"为旗，在会稽郡所属的海岛起兵，很快攻破上虞，杀死县令，逼近山阴。

王凝之作为会稽内史，与孙恩一样都信崇"五斗米道"，他因此坚信作为"同道"的孙恩不会伤及于他。当大兵压境时，他不顾百姓安危，也不顾妻儿死活，闭门占卜，念经拜神，坚信天兵天将会下凡帮他御敌，杀退贼兵。

谁知，孙恩并不领"同道"之情，毫不客气地杀死他和四个儿子，并提刀来到谢道韫面前。

此时的谢道韫怀抱襁褓中的外孙，面对匪首，表现出了泰山崩于前而神色不变的冷静与镇定，她怀抱外孙，手指孙恩，亢声而辩："事在王门，何关他族？此小儿是外孙刘涛，如必欲加诛，宁先杀我！"

凶残的孙恩早就闻听谢道韫的诗才，此时更被她临危不惧的气魄和掷地有声的话语深深折服，他命令手下让出一条道路，不但放过谢道韫和外孙，还派人将祖孙二人送回会稽。

谢道韫的晚年，一直在会稽独居，研诗咏词，宁静老去。

### 精要絮语

生命攸关的时刻，谢道韫因诗才自救，也算遇到一个"文匪"。从此，"咏絮才"活在后世稚声稚气的《三字经》诵读中：蔡文姬，能辨琴。谢道韫，能咏吟……

## ⦿ 王韫秀诗谏"凤凰男"

楚竹燕歌动画梁，春兰重换舞衣裳。
公孙开阁招嘉客，知道浮荣不久长。

——唐·王韫秀《喻夫阻客》

一千多年前的女子，敢爱敢恨、人间清醒，着实不易。

"王氏，开元中河西节度使忠嗣之女也，素以凶戾闻。"(《新唐书》卷一百四十五）这就是自幼在将门之家长大的王韫秀，性情刚烈、桀骜不驯也就不难理解了。

王韫秀出身尊贵，祖父王海宾，官至丰安军使，父亲王忠嗣官至河西、陇右、朔方、河东四镇节度使。传说王忠嗣是大诗人王维的兄弟，虽无正史佐证，但看王韫秀的诗才，似应可信。

将门虎女，偏偏嫁给了一个贫穷书生——元载。

天宝初年，唐玄宗李隆基当政，诗歌日盛。诗人元载与王维交游，因而有机会结识王韫秀。以诗文相交的二人惺惺相惜，有王韫秀的欣赏和鼓励，元载鼓足勇气上门提亲。这时，王韫秀跟随父亲王忠嗣镇守太原，王忠嗣也欣赏元载的才华，便将王韫秀嫁他为妻。

由于元载出身寒微，久未入仕，时间一久便遭到王家的轻视、嘲讽。元载好似今天人们眼中妥妥的"凤凰男"。

元载的日子不好过，长吁短叹间，意志坚定的王韫秀不停地安慰鼓励丈夫："这些都是暂时的，只要你苦读诗书，总会扬眉吐气。倘若你日日为这些闲言冷语烦恼，岂不是耽误了正事？眼下最重要的就是来年的考试，你必须专心学习！"

元载的诗才加上他的智商，又加上妻子的鼓励，转眼间到了进京赶考的时间，以诗《别妻王韫秀》作别：

> 年来谁不厌龙钟，
> 虽在侯门似不容。
> 看取海山寒翠树，
> 苦遭霜霰到秦封。

这对夫妻好悲壮，面对即将远行的夫君，王韫秀这位"悍骄戾沓"的烈女子，回了一首《同夫游秦》：

> 路扫饥寒迹，
> 天哀志气人。
> 休零离别泪，
> 携手入西秦。

妻子如此温暖励志，元载感动极了，勇气倍增，与王韫秀一起来到长安。

天宝初年，李隆基以道学取士，元载很幸运，中了当年的进士，被提拔为新平县尉。

元载从此一路凯歌，《旧唐书》载："监察御史韦镒充使监选黔中，引载为判官，载名稍著，迁大理评事。东都留守苗晋卿又引为判官，迁大理司直。"

到了唐代宗李豫上位时，元载终于抵达人生巅峰——官至宰相。

由不名一文的穷秀才，到登上相位，元载仅用了20年。元载拜相之后，在朝中的名望和地位日渐攀升，趋炎附势之徒竞相奔走于门下，渐渐地，元载位极人臣。

官位越高，也意味着越不可避免的官场争斗。此时安史之乱把唐朝宫廷搞得焦头烂额，从玄宗到肃宗再到代宗，走马灯似的更换皇帝，同时重臣之间勾心斗角，你倾我轧，门庭转换之间，元载很难置身事外，他帮皇帝铲除奸佞，诛杀宦官，被肃宗代宗两代皇帝所感恩，一时风光无限。

许多"凤凰男"的路途基本一致：穷困之时，励精图治，一旦发达，则骄纵专横，贪财枉法，无法无天，为的是回击当初蔑视自己的人们。

元载做小伏低几十年，终于出人头地，开始专权跋扈起来——吃喝玩乐，声色犬马，荒唐无耻。《旧唐书·元载列传》记载："城南膏腴别墅，连疆接畛，凡数十所，婢仆曳罗绮一百余人，恣为不法，侈僭无度。"

宰相府第中有一个"芸辉堂"，得名于阗国出产的一种沁人心脾、洁白如玉的香草——芸辉，元载命人将这种草捣成碎屑，当涂料刷墙壁；用沉香木作梁栋，金银打造门窗，珍珠穿成璎珞，使得宰相府金碧辉煌，堪比皇宫。

女色往往与权势一起到来，元载有一个美艳的宠妾，堪比西施、飞燕，而且她的身体会自然透出芳香，就像后来的香妃。

作为元载的妻子，王韫秀虽一介女流，却熟读诗书，深知骄纵必败的道理。看着日渐膨胀的丈夫，她在那首《喻夫阻客》中用典劝诫元载，贪恋财物容易招致祸患，世间浮荣易散，沉迷酒色而疏远正事会下场凄惨，远离奸佞之徒，以免得杀身破家的下场。

但早已被声色冲昏了头脑的元载，认为自己功高盖主，把皇帝也不放在眼里。忍无可忍的唐代宗终于采取行动，下诏将其赐死。元载担任宰相长达15年，死时65岁。

元载被杀后，不仅庞大的家产被抄没，儿子也被赐死，女儿为奴。至于王韫秀，按照唐律家中的妻女不会被砍头，但要贬进宫中做奴婢。王韫秀不愿苟且偷生，被官员笞杖而死。一生刚烈的她，也算是没有辱没其父王忠嗣的声名。

### 精要絮语

一首《喻夫阻客》，让后人看到一位旧时女子的清醒、前瞻，远远胜过元载之类。王韫秀一生留下的诗作虽然仅有三首，但一个才高志远、敢爱敢恨、明达世事的刚烈女子的形象跃然而出，并传于史册。

## ⊙ 何得无价兼有情

晚唐，盛夏，长安城外的一座浓荫小院里，客人们开怀畅饮，一名男客离席到院中小解，一簇繁茂的紫藤花下，只见花土上聚着一大片苍蝇，赶不走，轰不完，他不由得心生疑窦。

巧合的是这客人的兄长是个衙役，他回家后随口描述所见。也恰巧这个衙役前不久接手一桩命案，久久不得眉目，颇为费神，听弟描述后心有所思。

第二天，衙役带人来到这座小院，一番勘查，在花丛下挖出一具女尸，正是他负责的命案主角——绿翘。

绿翘是谁？

不知绿翘为何人并不为过，假如不知下面这首诗，未免孤陋寡闻了：

羞日遮罗袖，愁春懒起妆。
易求无价宝，难得有心郎。
枕上潜垂泪，花间暗断肠。
自能窥宋玉，何必恨王昌？

对了，这首诗出自晚唐女诗人鱼玄机之手，名为《赠邻女·寄李亿员外》。

而鱼玄机与绿翘，正是一对主仆。

说起这起命案，还惊动了当朝皇帝唐懿宗。

有那么大动静吗？

是的，说起来这对主仆，还真是一对苦命人。

## 第六章　角落里的才女：吹花嚼蕊弄冰弦

鱼玄机生于晚唐，字幼薇，她短暂的一生正处于唐朝衰落的开始。国家内忧外患，个人命运可想而知。

"女郎本是长安人，生长良家颜如玉"，幼薇出身贫寒，父亲是个不及第的秀才，没能考取功名，就将希望寄托在这个聪颖美貌的独女身上。《唐才子传》中称赞她"性聪慧，好读书，尤工调韵，情致繁缛"。民间也传鱼幼薇五岁诵诗百首，七岁能诗，十一二岁时，她的诗作就已在长安文人中传诵开来。

而正在这时，其父亲辞世，留下母女住在长安城郊外的贫民窟中，靠母亲给青楼娼家做针线活和帮人洗衣勉强度日。

鱼幼薇美貌多才，吸引了诗人墨客蜂拥而至，这其中就有长她20多岁的温庭筠。

温庭筠为唐初宰相温彦博之后，放荡不羁，也为才所累，一直未能进仕。他恃才傲物，却赏识垂怜这位出身贫寒的奇女子。他以"江边柳"为题，请鱼幼薇即兴赋诗一首，为的是考验她才学几何。少女不假思索，挥笔写下《赋得江边柳》。

温庭筠读罢，激赏不已，收鱼幼薇为学生。经过温庭筠这样的名师指点后，成为美才女。一次，她看到新科进士在发榜，心中又羡又恨，恨自己是个女子而不能参加科举考试，但有温庭筠亦师亦友的朝夕相伴，悉心指导，也感温暖。一种超越师生的男女情愫悄悄滋生。

显然，自幼失去父爱的鱼幼薇，对温庭筠的"爱情"不过是一种恋父情结。温庭筠虽风流旖旎，却在鱼幼薇这件事上难得地保持了清醒。他先是拒绝，后是离开，然后就来到了那个古往今来许多相似的男女桥段：男走女留，痛苦的永远是那个孤苦无依、情窦初开的女孩。

无尽的烦恼中，谏官李亿走进鱼幼薇的生活。

李亿已有一个原配裴氏，出身名门。不过这在唐朝，李亿再纳才貌双全的鱼幼薇也算不得忤逆，况且豆蔻年华的鱼幼薇极度缺爱，李亿的到来也算是对温庭筠离去的弥补。

悲惨的是，裴氏是个妒妇，见李亿久不回家，就催他把自己也接到长安。李亿不敢得罪妻家，只好接来。一起来的，还有狂风暴雨。

对于纳妾这件事，李亿最初并没有放在心上，但他大大低估了裴氏的妒意。裴氏一边对他怒吼，一边对鱼幼薇百般折磨。李亿不忍放弃鱼幼薇，可是又留不得，于是心生一计：表面与鱼幼薇一刀两断，暗里却将她安排在长安城郊的咸宜观，做了一个女道士。

从此，鱼幼薇成为鱼玄机。这一年，她15岁。

在唐代，女道士总是意味深长。武则天不想将女儿太平公主嫁给突厥，于是太平公主就做了道姑；玉真公主向往自由，不愿受约束，也做了道姑。总之，一切不方便解决的问题都能假以道观。

终日辗转于无尽的苦闷和忧愁之中，鱼玄机广邀天下有才情和胆量的男子，在道观大门贴上告示：鱼玄机诗文候教。自此，道观成为"红楼"，聚满长安城的名流雅士、高官重臣。鱼玄机把男人玩弄于股掌之上，夜夜笙歌，寻欢作乐。每天迎来送往，和一些达官贵人、文人墨客饮酒赋诗，恣意调笑，约等于半妓。

也正是这时，小婢女绿翘来到她身边。

绿翘小小年纪，聪明艳丽，并有些诗才，难免与那些来找鱼玄机的男人眉来眼去。有一次，鱼玄机外出，很晚才回来。绿翘告诉她："刚才有位访客，看你没在家就策马回去了。"

那段时日，这个客人与鱼玄机来往火热，而此刻的绿翘脸色红润，神情羞涩，眼角含春。鱼玄机怀疑的目光在绿翘身上扫来扫去，认定有鬼，厉声喝道："你今日到底做了什么？快给我如实招来，否则别怪我不客气。"

绿翘矢口否认，鱼玄机不依不饶，令她脱下衣服让自己检视。绿翘被逼无奈，便开始反唇相讥，一一历数鱼玄机的风流韵事。鱼玄机气得火冒三丈，随手拿起藤条不管不顾地抽打起来，竟没注意绿翘何时气绝，倒地而死。

鱼玄机恐慌，把她草草埋在后园里，上栽一片花树，掩人耳目。

一个大活人从这个世界上消失，不可能悄无声息，何况她是在鱼玄机这个大名人身边。很快，绿翘的死被列为府衙一桩命案。

如果不是那个客人到院里小解，这桩命案大概还会蒙蔽下去，时间久了，真的就如鱼玄机所期待的那样成无头案。

王小波曾经这样评说男女之间的背叛，就像两个人挖地下的财宝，结果挖出一个人的骸骨，迅速埋好了，上面栽花、种草什么都干了。但两个人都清楚，底下埋的是什么，看见花，看见草，但心里想的却是那具骸骨。

绿翘的尸骨埋在院里，无论多久，都是埋在鱼玄机的心上。

正如，当一个人经历过了许多，才会发现人生无论怎么精心策划，都抵不过一场命运的安排。

此时的鱼玄机，也迎来了属于自己的命运。

鱼玄机被抓后，痛快地承认自己杀人的事实。按《唐律》，绿翘是鱼玄机的奴婢，主人私自处死奴婢，要么"杖一百"，要么"徒一年"，看似很简单的案子，因为鱼玄机的独特身份变得复杂起来。很多与她结交、有私情的官员纷纷求情，而社会舆论却对她一片挞伐，负责审理案件的京兆尹温璋对此感到压力巨大，无奈之下，只得将这个烫手山芋扔给当朝皇上唐懿宗李漼。

也该鱼玄机命绝，抑或李漼心情欠佳，判决结果大跌眼镜，他毅然批奏：死刑！

原本最多"徒一年"的鱼玄机，莫名其妙地结束了自己短暂的人生。

### 精要絮语

鱼玄机表面上参透了男女之情，实际她到死也没能挣脱感情的束缚，最终惹来杀身之祸。"无价"又"有情"，世间哪有那么好的事儿呢？

## ⊙ 望江楼下薛涛笺

在成都,有一个与杜甫草堂齐名的建筑——望江楼。门前有一副著名的对联:

古井冷斜阳,问几树枇杷,何处是校书门巷;
大江横曲槛,占一楼烟雨,要平分工部草堂。

才女薛涛能够直追诗圣杜甫,平分工部草堂,足见其身后盛名。

事实上,唐代四大女诗人中,薛涛名列鱼玄机、李冶、刘采春之前,尊居首位,当之无愧。

望江楼也承载了一个女诗人奇瑰蹉跎的一生。

公元768年,薛涛出生于京城长安的官宦之家。父亲薛郧才华横溢,饱读诗书,也曾为官,薛涛作为独生女,被诗书濡染,聪慧优雅,诗词歌赋无所不能。

薛郧为人正直,敢于直言,因冒犯当朝权贵而被贬谪四川,一家人跋山涉水,从繁华的京城搬到了遥远的蜀地成都。没过几年,薛郧又因为出使南诏染上了瘴疠而命丧黄泉,那时薛涛年仅14岁。薛涛母女俩的生活立刻陷入困境。薛涛不得已,凭借"容姿既丽"和"通音律,善辩慧,工诗赋",在16岁时加入乐籍,成为一名营妓,因此结识了白居易、张籍、王建、刘禹锡、杜牧、张祜等著名诗人。

薛涛以美貌和才情著称,身边自然不乏风流才子,也曾心动倾慕,但一直不能遇到命中真爱。直到809年,风流才子元稹来到蜀地。

元稹早就闻听薛涛的文才和美貌,当他以监察御史身份出使四川,第一个要求就是见一见薛涛。

薛涛见元稹后一眼心动。只是，元稹比自己小了 11 岁。

中年薛涛被眼前的才子激发无限热情，不惜飞蛾扑火，二人皆沦陷，缱绻缠绵，陷入了恣意浪漫的温柔乡。尤其薛涛，她用自己发明的印花诗笺为元稹写了一首首滚烫的情诗，一时成为情爱佳话。

对于薛涛，若是一直风流下去，也算不错的结局。她对这个为亡妻写下"曾经沧海难为水，除却巫山不是云"的男人寄予厚望，希望元稹在离开蜀地时能为自己赎身，离开成都。元稹许诺，等他回朝复命后，定会派人入川迎接薛涛，让她静候佳音。

元稹终于要离去了，两人挥泪分别。薛涛写了一首《送友人》：

水国蒹葭夜有霜，月寒山色共苍苍。
谁言千里自今夕，离梦杳如关塞长。

元稹回到长安也深情款款地回了一首《寄赠薛涛》：

锦江滑腻蛾眉秀，幻出文君与薛涛。
言语巧偷鹦鹉舌，文章分得凤凰毛。
纷纷辞客多停笔，个个公卿欲梦刀。
别后相思隔烟水，菖蒲花发五云高。

薛涛一个人在成都苦等，就像所有异地恋一样，也曾鸿雁传书。这时，薛涛期待着"永远"，做足"风情"的文章，她改良了平时写诗的信笺，将略显粗糙的信纸染成桃红，裁成精巧窄笺，用来写情诗正合适。此举迅速走红，人们称它为"薛涛笺"。

恐怕连薛涛自己也想不到，只因这一小小的浪漫举动，竟在此后的千余年里，让"薛涛笺"流传不衰，被后人沿用至今。

可是纵使她再浪漫风情，也难免良人一去不回。

风流成性的元稹，又遇到一个个女人，直到有一天遇到了唐代"四大才女"之一的刘采春，同样的才情美貌、同样的青春洋溢，深深地吸引着元稹，就像当初为薛涛写情诗一样，他用同样的方式与刘采春进入热恋，早已把成都的薛涛抛之脑后。

望穿秋水中，薛涛被消耗殆尽。才华横溢如薛涛，也难免为情所困，她不得不为自己的轻信和痴情买单，陷入无尽的痛苦。

元稹其人，正如陈寅恪所说："最慕虚荣，爱情不专，自私自利。综其一生行迹，巧宦固不待言，而巧婚尤为可恶也。岂其多情哉？实多诈而已矣。"

薛涛年纪渐老之后，容光不再，两鬓如蓬，开始厌倦了酒宴应酬，晚年隐居在望江楼中，穿起道服，静心读经。

这份清醒，虽很无奈，但总归还不算晚吧。

### 精要絮语

恋爱脑不可取。才华美貌也不曾阻止错爱，只有人格和经济的独立，才能安于自己的世外桃源。这一点或许才是薛涛留给世人的启发。

## ⊙ 若得山花插满头

这是宋朝的一个春天，春和景明，春日冉冉，台州太守唐仲友与同僚畅游山水间。

忽听前面一派嘈杂，便带众人前去察看。

一群游春之人，其中一个肥头大耳、形象猥琐的男子，正调戏一名姿色秀丽的女子，游人围在旁边不停起哄。那女子一脸刚正颜色，据理力争，自是别样风流。

拉扯之际，唐仲友上前喝住男子，知他只是慕人美色，并无伤人举动，也不想过分为难他。放眼面前美景怡人，桃花灼灼，梨花胜雪，眼前一条清溪，肥硕的鳜鱼游来游去……唐太守计上心来。

他走上前，对那男子说："你调戏民女，罪当罚，本太守现念两句词，你若能说出作者和词牌，就免罚。"

说罢，沉吟道："西塞山前白鹭飞，桃花流水鳜鱼肥。"

那男子看面前的人一身官服，气度不凡，早已慌神，急出满头大汗，支支吾吾，回答不出。

这时，那俏丽女子身边的女伴轻轻问她："这是谁的词？"

只见那女子轻快、从容地答道："唐代诗人张志和的《渔父词》。"

唐仲友听后飞快地瞥了女子一眼，投去惊讶的目光，再看那男子已是满脸尴尬。唐忠友说："说不出没关系，你若就面前的风景作一词，其中必以桃花或鳜鱼为题，同样免罚。"

那男子怔愣半响，更窘，结结巴巴地说："清清溪水一鳜鱼，放在碗里肉一堆……"

围观的众人哄堂大笑。男子更窘，就差跪地求饶了。

女子见这情景，上前答道："谢谢这位大人相救。看在这位大哥并未伤及奴家，大人且莫为难与他，让小女子代作吧。"

说毕，站在众人前，轻声吟道：

道是梨花不是，道是杏花不是。
白白与红红，别是东风情味。
曾记，曾记，人在武陵微醉。

这首流芳后世的《如梦令》，词中无一桃字，却是字字写尽桃花，精巧才思让唐太守颜色大惊。他刚上任来到台州，怪自己孤陋寡闻，不知这滨海小城竟有这般奇绝女子。

忽然，他想到莫非面前女子就是闻名遐迩的黄岩才女严幼芳？

没错，此女正是南宋中期大名鼎鼎的女词人严蕊，字幼芳。

严蕊幼时家境不错，父亲为官，早已精通了琴棋诗书。遗憾的是严蕊尚未成年，家道中落，一家人被流放。后来父亲去世，母女相依为命。严蕊生得聪明伶俐，绝色迷人，被骗到台州充作营妓。

一个"妓"字，总是给人留下太多市井遐想，世人也总是戴着有色眼镜看向她们。但在宋代，营妓、官妓区别于平时青楼卖身女子，虽然带有妓字，但事实上与歌姬无异。营妓的作用就是在朝臣官员举办宴会时作陪，卖艺不卖身，甚至宋朝的法律明令禁止官员与营妓夜宿，更不能结婚，违者受律法惩治。

那个时候的官员都是科举入仕，大多文武兼备，成为营妓的女子不仅姿色过人，更要饱读诗书，精通音律，才艺、辞令和见识样样不少。这就让宋朝官场文人与营妓之间产生了许多有趣的故事，比如欧阳修、苏东坡等一生与官妓多有交往，并留下许多诗词唱和。

严蕊凭借辩慧工诗，文采绝艳，在南宋名噪一时。

南宋周密《齐东野语》记载，浙江台州官妓严蕊，善琴弈、歌舞、丝竹、书画，色艺皆佳，冠绝一时，尤擅作诗词，多有新意。四方之士，慕名前来者甚众。

假如严蕊姿色平平，像一个平常营妓一样与官员交往；假如唐仲友也是一名粗通文墨并无情趣情怀的普通官员，那么，他与严蕊之间应该再无"后来"，就像千万个宋朝官员一样，相聚后仍然官是官，妓是妓，相安无事。

悲催的是，这时出现了一个人，将天下本无事搞成了"大儒生闲气"，这就是宋朝大儒——朱熹。

朱熹是程朱理学派的代表，主张格物致知，其哲学理念属于客观唯心主义体系，自成一家。他的这种学说被人拥戴的同时，也引起不少人的反对，最强烈的就是唐仲友。

二人本为同僚，由于学术观点和政见上的巨大分歧，公开打过笔墨官司。朱熹早就想打击异己，只是苦于没有把柄。后来，朱熹担任了两浙盐官，又想从经济上严查唐仲友，无奈唐仲友两袖清风毫无污点，这让朱熹十分郁闷。

严蕊的出现，终于给了朱熹一个突破口。

淳熙九年（1182年），借巡视之机，朱熹向皇帝宋孝宗上奏弹劾唐仲友，揭发唐仲友与严蕊有奸情。同时下令将严蕊逮捕,先后关押于台州和绍兴二地,威逼严蕊供出与唐仲友的私情,收监数月,百般拷打。

可怜严蕊身体单薄,被打得皮开肉绽,死去活来。她虽为营妓,但并没有屈服,始终不承认与唐仲友有私情,还信誓旦旦道:"岂可妄言以污士大夫!虽死不可诬也。"

朱熹的刚愎自用,顽固傲慢,凡事带有偏见,在严蕊这件事上达到极点。而严蕊的威武不能屈,也在士大夫间声名鹊起。

唐仲友并没有坐以待毙,他也向孝宗皇帝上奏,自辨力争,还弹劾朱熹不明法纪,滥施酷刑。此事引起朝野震动,皇帝叫来宰相王淮,要听听他的看法,王淮轻描淡写道:"此乃秀才争闲气耳。"

皇帝深以为然,遂将朱熹调离,另派岳飞的儿子岳霖代替朱熹。

岳霖到任后,详察案情,认定严蕊与唐仲友之间清白简单,而朱熹施刑过度,便将严蕊迅速释放。

严蕊拖着伤病之身走出监牢,自作《卜算子》以表心志:

不是爱风尘,似被前缘误。花落花开自有时,总赖东君主。
去也终须去,住也如何住。若得山花插满头,莫问奴归处。

### 精要絮语

一场冤狱,一场文人争斗;一首《卜算子》,表明严蕊的特立独行。诗才与胸怀不让须眉,宁死不诬人的高洁品行,堪比女中丈夫。

## ⊙ 谁记琴操一段情

杭州临安有一座小山，名为玲珑山。郁达夫曾为这座山题诗一首：

　　山亦玲珑水亦清，
　　东坡曾此访云英。
　　如何八卷临安志，
　　不记琴操一段情。

原来，这山的一角，轻掩一缕香魂。

琴操，留在历史天空中的印迹，远不及祝英台、苏小小以及那个千年蛇妖。不过，西湖一遇，成就一段别样人生。

这位遗落于宋代的女子，能弹一手天籁般的琴声，还有与其琴声齐名的美艳，以及令大学士秦少游称奇的才华。那阕"伤情处，高城望断，灯火已黄昏"的《满庭芳》，后人虽多误归于秦学士名下，其实出自琴操自弹自唱时的信口道来。这样一位奇绝女子断不会寂寂无闻，自然会引起各界人士的追逐与侧目。

彼时，名满天下且身为杭州父母官的苏东坡自然在此之列。

这一日，水光潋滟的西子湖上，苏东坡与友人相约荡舟酬唱。酒酣兴浓之时，忽感船身一抖，苏东坡忙命人查看，只见船边斜靠一叶画舫，原来湖上起风，画舫转舵不力，撞上苏东坡的船。

苏东坡当时虽被贬，但也是杭州一任知府。无名画舫竟敢相撞，不知何人如此大胆！

只听画舫里传来娇莺柔声："罪妾琴操无意叨扰大人雅兴，论罪当诛。怎奈身在湖中，船不由己，虽有过失，还望见谅。"

苏东坡闻琴操二字，不由得心中一动，忙命人将琴操请入船中。两人的这次见面成为后世茶余饭后津津乐道的逸事。年龄上，二人虽属忘年，却心意相通，灵性相属，堪比知己。从此每每对诗文稍有会意，便相互往来切磋，对苏东坡这样的文坛巨擘来说，来自琴操的灵魂上慰藉，远远大于生活上的享受。

其时的苏东坡已有发妻与朝云，自认阅人无数，起初对有关琴操的传闻将信将疑，二人在船中，有过一段对答。

苏东坡问：何谓湖中景？

琴操答：秋水共长天一色，落霞与孤鹜齐飞。

又问：何谓景中人？

回答：裙拖六幅湘江水，鬓耸巫山一段云。

再问：何谓人中意？

琴操说：随他杨学士，鳖杀鲍参军。

苏东坡最后一问：如此究竟如何？

琴操不答。

东坡幽幽自问自答：门前冷落鞍马稀，老大嫁作商人妇。

苏东坡怜惜琴操才艺，劝她从良。琴操说："谢学士，醒黄粱，世事升沉梦一场。奴也不愿苦从良，奴也不愿乐从良，从今念佛往西方。"

此后琴操来到玲珑山，削发为尼。

苏东坡惊异，自己的一句劝告，让一个少女如此决绝。

湖中景、景中人、人中意……皆因琴操年幼早慧，或许还有早年家道中落的凄凉，过早地看透世间炎凉，生命皆如烟花易散，遂在这如花年华，遁入深山。

千年之后，一个半烟半雨的春日，我走到玲珑山下，一缕冷艳、幽绝的气息扑面而来。人生的际遇扑朔迷离，似在冥冥中编好了程序，上演着生命中不可逆转的宿命与定数。冰雪聪明的琴操，或许早已等待苏东坡的那句谶语，毅然将自己的才华托付这方山水，从此青灯古佛。

尽量放轻脚步，一阶阶迈上玲珑的山巅，辗转找到草树中的青冢，穿越了千年，草树几度荣枯，这样的杂乱破败，这样的孤寂凄清，这样的遗世独立，哪有当年湖面上的粉靥笙歌？

当时年少，春衫亦薄，琴操在那样的湖光山色间，遇上了那样一个人，于是人生顿然换了颜色。

据说，苏东坡离开杭州前，屡次前来玲珑山劝琴操返回西湖，形销骨立的琴操不为所动。

是什么让这位才色俱佳的女子心如枯槁？冷冷地目睹仕途多舛的苏东坡再被贬惠州、儋州。斯人已去，心扉即闭，在24岁生命的黄金季节，怏怏离世，徒留这一抔残土，引人幽思。

除却玲珑山，山下的玲珑湖静如处子，一如琴操的绝美容颜。大概这一山一水，足以慰藉一颗久经风尘的心。

下山的路旁，烟雨迷离中，远远地看到一个亭子，模样亦是玲珑。绕道前去，正面的三个字仅仅认出一个"亭"。

亭外正有一个占卜之人，他用生硬的普通话告知我为"收春亭"。

哦，"收春"……

一颗冷绝的心，生生将春收住。

于是回转亭下，久久驻足。

蓦然想起博尔赫斯的诗句，正暗合山水之下那个远去的人：

> 有一行魏尔伦的诗句，
> 我再也不能记起，
> 有一条毗邻的街道，
> 我再也不能迈进。
> 有一面镜子，
> 我照了最后一次，
> 有一扇门，
> 我将它关闭，
> ……

### 精要絮语

一个风烛残年，一个如花似锦。生活充满了曲折和考验，每个人都在不同的时刻选择着自己的道路。而命运，却与光阴一起，山亦玲珑，水亦清。

## 第六章　角落里的才女：吹花嚼蕊弄冰弦

### ⦿ 你侬我侬若奈何

元代大才女管道昇，在接到丈夫赵孟頫欲要纳妾的试探时，已经人老色衰。她没哭没闹，给丈夫写了一封信，并附上一首《我侬词》：

尔侬我侬，忒煞情多，情多处，热似火。把一块泥，捻一个尔，塑一个我，将咱两个，一齐打破，用水调和。再捻一个尔，再塑一个我。我泥中有尔，尔泥中有我。我与尔生同一个衾，死同一个椁。

赵孟頫看到她的这首词，不由得想起自己与妻子的初遇。

赵孟頫年轻时，终日埋头诗词歌赋，友人介绍过许多妙龄女孩都没入他法眼，一晃已近而立。

读书之余，赵孟頫喜欢到湖州周围的名刹古迹游玩。一天，他听众人交口称赞城郊瞻佛寺墙壁上的一幅《竹石图》，作者是一女子，才情气韵连男子都不能及。赵孟頫好奇的同时，更有隐隐的不服，一直以来，自己的书画才气早已获得大名，一个女子，能画出如此神品？

他半信半疑地来到瞻佛寺。

佛堂的墙壁上果然画着一幅修竹，仔细欣赏之下，果如所传，赵孟頫自愧不如，随即生出见识一下这位不凡女子的想法。

那个时代男女授受不亲，想接近管道昇，谈何容易。赵孟頫写了一幅字，托一位朋友送到管府，并说想以此换管道昇的一幅墨竹。赵孟頫的书法在当时已声名远播，多少人想求都求不到。管道昇的父亲管仲曾见过赵孟頫，慕其温文尔雅，一表人才，如今又接到赵孟頫托人送来的墨宝，又惊又喜，赶快命令管道昇绘制墨竹。

管道昇也早已闻知赵孟頫的声名和才气，更钦佩其学识和品德，只恨无缘相识，不料今天竟收到了他托人送来的精心装裱的字幅，更是心潮澎湃，立即绘制了一幅墨竹还礼。

赵孟頫收到管道昇转送来的墨竹，仔细欣赏，爱不释手。已至而立的他还从未为一个姑娘如此心动。他立即提笔为管道昇《修竹图》作赋，字斟句酌，反复推敲。赋稿写成后，他一丝不苟地抄在宣纸上，装裱后又托人送给管伸。

郎情妾意，心有灵犀，可谓佳偶天成。这对诗、书、画三绝的神仙眷属，在诗坛画苑中相携相伴，留下了许多感人的佳话。

管道昇从28岁嫁入赵家，到58岁去世的30年间，为赵孟頫生育了三男六女。除了长子夭折，她的八个儿女都健康成长。由此看出，管道昇并非仅凭才华立世，更非恃才傲物的娇贵富家小姐，而是厨房厅堂兼得，并且他们的后代都学有所成，光耀门楣。儿女中的赵雍、赵奕，以及孙辈的赵凤、赵麟等都是有名的画家，尤其是外孙王蒙，名噪一时，是元代四大画家之一。

可想而知的是，无论管道昇如何贤淑，养育一群儿女，对一个女人的身体和精神的消耗，尤其对容颜的摧残，都是显而易见。赵孟頫曾经称赞她如何贤妻良母，但中年的管道昇"玉貌一衰难再好"，即便才华横溢，也难抵自然规律。中年的赵孟頫渐渐被年轻貌美的女子所吸引，心思浮泛，也是事实。

人到中年时的"审美疲劳"，这对神仙夫妻也未能逃脱。

50岁的时候，赵孟頫离开元大都到外地任职，管道昇则留在京城。在江浙一带的风流繁华地，赵孟頫一去两年有余，毫无音信。女人天性中的敏感，让管道昇预感到丈夫可能发生的变化，她画竹一幅寄给赵孟頫，并附诗一首：

夫君去日竹初栽，竹子成林君未来。
玉貌一衰难再好，不如花落又花开。

## 第六章 角落里的才女：吹花嚼蕊弄冰弦

赵孟頫看到夫人的这首诗后，内心立即有所感。因为此时他正与一位扬州名妓火热纠缠，名妓20岁的年华，让40多岁的管道昇情何以堪？赵孟頫添置新居，将名妓金屋藏娇，虽然夫人的诗他看得很明白，但是依然抱着侥幸心理，想要试探夫人对他纳妾的心思，便写了一封信：

我为学士，你做夫人，岂不闻王学士有桃叶、桃根，苏学士有朝云、暮云？我便多娶几个吴娘、越女无过分，你年纪已四旬，只管占住玉堂春。

赵孟頫想要娶妾，便搬来典故为自己壮胆，用王献之当年有桃叶、桃根两个美女为妾，苏东坡有暮云、朝云两个妾做依据。他自己呢，娶几个年轻的江南女子做妾有什么！你一个40多岁的女人，只管守住正房的名分……

知书达礼的管道昇，肯定早于平常女子看透婚姻的本质。"始于颜值，忠于才华"之后，当她为人妻为人母，却没放弃自我，希望让诗词和绘画拴住赵孟頫的眼神，说到底就是一场迟早都会到来的婚姻"保卫战"。当婚姻危机真正到来，大道理她怎能不懂！丈夫纳妾不违法，只是作为才女，自有才女的方式，于是就有了《我侬词》。

管道昇在《我侬词》所列出的，应是人类大部分婚姻前半段的事实，如果哪对夫妻说自己不曾经历这样的阶段，除非他另有隐情。而历史的大部分资料也告诉我们，赵孟頫读着这首词，想到二人从初识到中年的所有过往，被"深深打动"，从此再没有提过纳妾之事，管道昇用自己的才情和智慧巧妙地化解了婚姻危机。

### 精要絮语

几千年来，人类社会的各方面都得到了几何级数的发展，只有一样东西从未改变，这就是爱情。

## 第七章
## 五行八作的痕迹：
## 明灭着人间最动人的烟火

他们曾在历史的某个节点，只因一个无意或无奈之举，成就了后世一个行当、一份职业、一件产品、一种习俗……任由时光漫漫，依然留存于我们今天的世界。

## 活在《诗经》里的大小毛公

在河北省献县有毛公墓,为"毛诗故乡";饶阳县有师钦村,筑有"诗经台"。这样的"诗经布局",还要追溯到两千多年前。

毛家原为诗礼之家,祖居赵地。到毛苌一代,已是四世名门望族。

毛苌自幼好学,加上家庭熏陶,八九岁时就被人称为神童。长大后游学诸国,在鲁地做过学宫祭酒,于是入了"鲁籍"。后来辞官,就在鲁地专心著书,他最喜欢读的就是《诗经》,倾其一生研究的也是《诗经》,他的心愿是写完两本书——《诗经疏义》和《诗经训诂》。

可是,这一切却因为"焚书坑儒"而终止。

经史子集付之一炬,敢有言诗书者灭族……酷令之下,毛苌万般无奈,忍痛将上千册藏书连同未完成的两本书,一并上交焚毁。毛苌为此两天不吃不喝,病郁于心,形如将死之人。

后来,秦始皇下诏求天下英才,毛苌随同众人到了咸阳,幸被一位老者点拨才侥幸逃脱,却不敢再回鲁地,就想到祖籍赵地寻找当年的恩师以得庇护。谁知千辛万苦来到赵地,却发现恩师已因焚书一事家破人亡。

毛苌有家难回,困饿交加,一路漂泊,沿滹沱河乘船到了一个小村子——荷花坑村。他见此地村舍俨然,民风淳朴,就下船安定下来。后期又密嘱他人到鲁地送信,叫家人前来团聚。

那时已是烽烟遍起,妻子带着两个儿子前来。妻子虽身家全无,却偷偷为毛苌带来了他挚爱的半部《诗经》——那原是毛苌抄录下来,送给妻子的定情之物。妻子因在家思夫成疾,又经战乱和这一路风霜,不久病亡。

虽父子团聚,却失去爱妻,毛苌大病一场。大儿子小小年纪,平时种田、做豆腐,苦苦撑起这个破碎的家。

毛苌时病时好，清醒时抚枕痛哭，哭自己的爱妻早亡，哭家藏的诗书尽毁，哭天下鸿儒生命倾于一旦……

数年争战，白骨露于野，糠菜难为继，毛苌怕这残存的《诗经》再遭毁灭，便藏于墙洞之中。平时小儿毛亨跟随大兄操持生计艰难度日，夜晚便守在毛苌身边侍药读书。毛苌一心希望毛亨继承毛家的诗礼衣钵，临终前拉着毛亨的手说道："为父游历天下，一心向学，唯一心愿便是著成一书，留存后世。为父当年逃离咸阳，并不是怕死，而是著书心愿未了，这才苟延存活。可现在不但书稿尽毁，连一本《诗经》都没有了。看来我无法完成心愿了，幸喜我儿资质聪慧，假以时日，定成一代大儒。希望我儿继承父志，不枉我毛家一脉书香……"

毛亨与大兄相依为命。虽不忘父亲嘱托，可是此地连年灾荒，温饱尚难支撑，哪有余力去读书学文。大兄娶妻不久，为养活一家老小，瞒着一家人替大户人家服劳役去了，竟是一去不回，病亡异乡。而此时大兄并不知道，妻子腹中已育有小小生命。大兄走后数月，嫂嫂生下一个婴孩，即为毛苌。

毛苌两岁时，嫂嫂撒手而去，叔叔毛亨把侄儿养大成人。

毛亨在田里忍饥耕作，毛苌在一旁一笔一画地认字，并把卖豆腐换来的竹简交给毛亨。毛亨想让毛苌知道，为这《诗经》，毛家几代伤痕累累，死不瞑目。

- 风烛残年的毛亨告诉毛苌："我已如风中之烛，要搜集全本《诗经》的心愿难以完成，这件事只能交托到你手上了。"

毛苌为了更好地传诗于民，在村南滹沱河边用土堆起一个土台子，在上面搭建起一个简易的能遮风挡雨的茅草房，用来给乡亲们讲诗，当地人称之为"诗经台"。

日久，出于对毛苌传播《诗经》的敬仰，村民们把"荷花坑村"改称"诗经村"。

公元前155年，汉景帝封刘德为河间献王。河间郡的范围大约是今天的任丘、献县、泊头、南皮、青县、沧县，以及衡水的武强、武邑、阜城部分区域。刘德修学好古，招揽四方学者，尽求天下"善"书，听闻毛亨、毛苌长年传经讲学，礼聘再三，将毛亨叔侄从诗经村请到乐城（今献县），并将毛亨封为"河间献王博士"。

刘德在乐城东面的乡村修建了日华宫，在北面（任丘）修建了招贤馆，命毛苌专心在此讲读《诗经》，传授弟子。

这个"东面"，就是今天的泊头市富镇严铺村，作为群儒贤集的日华宫，成为当时儒学研究的中心。

而后世的诗经村乡民为了表达对毛亨毛苌的钦敬，特把"诗"改为"师"，"经"改为"钦"，即师钦村。随着人口增多，后来分为南、中、北三个师钦村。清乾隆十四年（1749）《饶阳县志》记载："毛苌宅，在今师钦村。村南有台，名诗经台，相传是当年毛苌讲经之台。"

如今，在中师钦村南滹沱河边的诗经台遗址，高高竖起一座大理石碑，引得无数文人前来瞻仰。

毛亨老去后，毛苌继承叔叔遗志，倾毕生之力传承、研究《诗经》，完成《毛诗》29卷,《毛诗诂训传》30卷，即今天我们读到的《诗经》。

### 精要絮语

两千年文脉，得之于毛家三代的舍命相传。没有毛亨、毛苌，就不会有现在的《诗经》。今人捧读，何其幸哉！

## ⊙ 这款梨膏有点甜

初唐诤臣魏徵是个大孝子。

魏徵的父亲魏长贤曾在北齐为官，但不擅官道，长于进谏，触怒皇帝，数次被贬，终遭奸佞陷害而死。

魏长贤去世时，魏徵只有11岁，家中很快陷入困境，年幼的独子与母

## 第七章 五行八作的痕迹：明灭着人间最动人的烟火

亲宁氏夫人相依为命。

宁氏本来体弱多病，经年操劳，这年秋天，在一阵秋风秋雨过后天气忽然变冷，宁氏躺在病床上不住地咳嗽、吐痰，稍一活动就气喘吁吁。

魏徵下地干活回来，听到母亲的咳嗽声，焦虑又心疼。他走进县城请遍名医，可母亲的病也没见一点好转。

由于魏长贤是个忠臣，鼓城（今河北晋州）县令早年与魏长贤交好，听说宁氏的病情，特地派了名医来到魏徵家里，给宁氏开好了药方。

魏徵拿着药方，兴致勃勃地买回药来并熬好，给母亲端到床边，再喂母亲喝下。但母亲喝药的样子苦不堪言，难以下咽，甚至许多汤药喝不下，被浪费了。

宁氏伤感地说："以前受点风寒，吃几服中药就没事了，这次总也不好，莫非你父亲在地底下等不及了，非要把母亲召去做伴不成？"

魏徵看着母亲被疾病折磨，安慰道："母亲不要胡思乱想，再吃几服药，静养几天就会好的。"

安抚母亲睡熟后，魏徵心情沉重地来到后院。

院里种着挂满果实的三棵梨树。忽然，魏徵眼睛一亮：梨有清心、润肺、止咳、消痰、清喉、降火、除烦解渴的功效，若把药汁、鸭梨与冰糖放在一起熬制，效果会怎样呢？

他立即搬来凳子，站上去摘下两个新鲜的鸭梨，把梨切碎，再放入冰糖和研成粉末的药草一起放进药罐，大火烧开后，又转成文火慢熬。

整个村子都睡下了，只有魏徵守着火炉，仔细地看着药罐里的草药和梨。他不知道自己这个"发明"会带来怎样的效果，只想尝试一下，改变药的口感，让母亲减轻服药的痛苦。

终于，困意一点点袭来，药仍在熬……魏徵终究没撑住，他席地而坐，趴在火炉旁的凳子上睡去。

等他醒来时，发现药汁已被熬干，只有一团膏状物在罐子底部。

魏徵着急地拿起勺子，搅拌一番，心想：名医开来的药方可不能浪费了，药汁是药，药膏也是药，不如先尝一尝味道再说。

谁知，这一尝，味道真奇妙。

中药难闻的苦味已经消散，药膏入口，首先感到一丝丝凉意，紧接着是一股香甜划过喉咙，舒服极了。

魏徵欣喜不已，立即端起熬好的药膏，送到母亲床前，一勺一勺地喂给母亲，并说："这回不苦了吧？"

宁氏先是象征性地尝了一小口。咦？这药怎么有股甜味，再尝一口，还有点香脆，入口的舒适度直线提升。

这回完全不用魏徵催促，宁氏很快就把药膏吃完了。她欢快地说："不苦，好吃！这是哪位郎中给开的药？"

魏徵说："先不要问谁开的，好吃就多吃一点儿。"

母亲不理他，追问："这是药还是糖？"

魏徵应付着母亲："既是药，又是糖，叫……叫梨膏糖。"

母亲半信半疑地问："梨膏糖！娘怎么没有听说过？"

魏徵笑了："徵儿刚起的名儿，娘怎么会听说过呢？"

魏徵做一个鬼脸，说："娘先吃几次试试看吧，如若不行，咱们再换种药吃。"

宁氏一边喜滋滋地吃着药，一边夸赞儿子，高兴地说："你这孩子就是比你爹强，从小就爱鼓捣新鲜玩意儿。"

看到母亲愿意吃药，魏徵也激动地扬起了笑脸。

此后，魏徵就按这种方法熬药，连续服用半个月后，宁氏的哮喘和咳嗽竟神奇地痊愈了。

乡民得知魏徵熬制梨膏糖的故事后，纷纷向他讨药方去治病，也都取得了不错的效果。从此，魏征和他发明的梨膏糖，声名远播。

贞观初年，长孙皇后在九成宫避暑，染了风寒，久治不愈，御医会诊后依然不见效果。李世民忽然想起魏徵早年的这一"秘方"，立即招魏徵入朝，又命人买来上好梨子。魏徵对御医如此这般指导一番，长孙皇后如魏徵母亲一样将药顺利服了下去。

当然，长孙皇后的病情与魏徵母亲的病不是一个性质，虽然梨膏糖使长孙皇后的病情稳定了一段时间，减轻了痛苦，使寿命稍有延长，但后来连孙思邈也无能为力，渐渐病情加重，于636年辞世。

而魏徵身后的梨膏糖就这样一代代流传下来，又经过无数人的技术改良，随着时间的沉淀，至今梨膏糖已经发展出多种品牌，各地出产的梨膏糖也别具风味，每一款梨膏糖的背后，都传颂着聪慧的魏徵孝心救母的故事。

**精要絮语**

魏徵作为谏官，无意之间发明的梨膏糖与他清廉刚正的品格一起，流传后世。

## ⦿ 孙思邈：不是御医，胜似御医

公元634年的一天，长安城内，大街小巷贴满了遍寻天下名医的诏告：皇后偶染微恙，久治未愈，兹寻天下名医。若能治愈，赏金万两，官赐五品，钦此！

布告前站满了长安城的百姓，大家议论纷纷，却无人敢揭下布告。

众人七嘴八舌间，只见一位鹤发童颜、慈眉善目的白须道人，稍一打量，上前一把揭下布告，叠好装到兜里。两名看护布告的兵丁大声喝道："揭榜者何人？请自报家门！"

那道人悠然答道："贫道站不更名，坐不改姓，姓孙，号真，名思邈，乃京兆华原(今陕西耀县孙家塬村)人也。"

那时孙思邈名震天下，兵丁听其名后立即恭敬地引路，带他来到皇宫。

李世民一听孙思邈到来，激动地说："皇后有救了！快请！"

四目相对时，二人脑海中同时浮现出六年前李世民作诗盛赞孙思邈，以及二人初识的渊源。

贞观初期，李世民在一次抵御外寇入侵的征战中，被敌军困于一座山头上。他在山上的水潭饮水时，由于体困头晕，把自己头上戴的龙纹玉饰映在水中的倒影误看成是一条小蛇，总疑心自己饮水时吞下了这条小蛇。待班师回朝后，他越想越恶心，竟呕吐成疾，宫中太医用药均不能愈。魏徵请来孙思邈为他诊治。

孙思邈见李世民面无病容，腹中并无异物。弄清病因后，他苦苦思索：蛇若吞进肚子，症状应更严重，但现在是幻觉疑惑，实为心理疾病。孙思邈先给他开了安神之药，然后拿来李世民出征时戴的帽子，让人打来一盆水，再叫他观看。李世民在盆水中一看龙纹倒影，恍然大悟，消除了疑虑，病不治自愈。

最被天下称道的，还是孙思邈为长孙皇后悬丝诊脉。

长孙皇后因难产而生命垂危。当朝太医虽竭力医治，却不见效，李世民急得坐卧不宁。孙思邈被引入宫后，因封建礼仪不能接近皇后的"凤体"，孙思邈只能一边向侍女细问其病情，一边要来太医的处方病历认真阅读。之后吩咐取一条红丝线，自己捏着一端，另一端穿过竹帘，系在皇后的手腕上，为皇后"引线诊脉"。原来皇后是胎位不正，他让侍女把皇后扶近竹帘，孙思邈选定穴位后，猛扎一针，皇后疼得浑身颤抖，不一会儿，婴儿呱呱坠地了。

从此，李世民有意把孙思邈留在朝廷，授以爵位，没想到孙思邈"固辞不受"，他这种不慕名利的品德，深为皇上敬佩和喜爱，便依他的夙愿，让他在京城住几年后，任其到天下各地，畅通无阻地去采药行医。

这次孙思邈路过长安，看到长孙皇后重病的消息，便揭榜进宫。他随皇上来到皇后床前，静静地为皇后把脉。皇上则焦急地观察着孙思邈的表情变化，长时间地沉默后，李世民终于憋不住问道："皇后的病情如何？"

孙思邈说："眼下无大碍，贫道开几服药，就会好的。"

皇上急于知道皇后到底是什么病。孙思邈使个眼色，与皇上一起来到屋外，说："皇后的病症很罕见，病在表象，根在气血。贫道调几服草药，相信会有明显好转。不过……恕贫道直言，染上这种病的人阳寿不会太长。若调养得好，应该还有两三年的时间。"

## 第七章 五行八作的痕迹：明灭着人间最动人的烟火

李世民一听，急得欲哭："皇后今年才34岁，怎么可能？皇后到底是什么病？"

孙思邈告诉皇上："皇后的病很难用一两句话表述清楚，贫道打个比喻，天有四季、五行，人有四肢、五脏。阴阳有道，天人相应。黑夜白天轮流更替，寒冬暑夏交换更迭，这是大自然的正常规律。一旦出现寒暑颠倒等违反自然规律的现象，就很危险！人的精脉和气血循环也是一样，违背了规律就要生病了。"

皇上焦急地说："这种病，像道长这样医术高超的神医也不能治愈吗？"

孙思邈说："这种病症，极其罕见，贫道遇到过几例，只能缓解，却无法根治，调养得好，或许能多活几年。"

听后皇上已经泣不成声。

孙思邈回到驿馆，为长孙皇后配制完当天的中药后，伏在案头继续书写其鸿篇巨制《千金翼方》。

经过一段时间的调理，皇后的病情稳定下来。这天，孙思邈向皇上辞行，这次皇上也想留下他，说道："皇后吃了孙道长开的药，恢复得很好。有孙道长在，朕心里有底；你走了，朕心里就又没谱了。"

房玄龄也挽留："孙道长药到病除，妙手回春，真是名不虚传。若能留在宫中，你我共同侍奉陛下、皇后，岂不更好？"

孙思邈拱手道："谢谢相爷美意。贫道一生来无踪，去无影，淡泊名利，无欲无求，志在山林，终其一生！故此，贫道实难从命。"

皇上明白留不住孙思邈，只好说道："人各有志，孙道长愿留则留，朕过去不难为你，现在仍然不难为你。只是今后不论到哪里行医，常回来看看朕，朕心足矣。"

孙思邈谢道："谢陛下恩典。有道是普天之下，莫非王土，率土之滨，莫非王臣。贫道即使走到天涯海角，也是陛下的臣民，一定常回来看望。"

刚出长安，走上一条村路，孙思邈忽听一阵撕心裂肺的哭声，只见众人抬着一口棺材，棺材后面跟一个年轻人和一对老夫妻。原来，年轻媳妇难产，两天两夜没生下来，年轻人哭着说："今天早上，我媳妇就没命了！"说完，又大哭起来。

孙思邈听了，有些无奈地低下了头。忽然，他看见从棺材缝里有一滴滴的血滴下来，忙蹲下去察看，发现血色鲜红，连忙大声说："快打开棺材，说不定还有救！"

老夫妻睁大眼睛，说："不会吧，人都死了两个时辰了！"

孙思邈顾不上回答，赶快让人打开棺盖。只见那女子脸色惨白，毫无生息。他再仔细搭了搭脉，捕捉到一丝轻易不能察觉的跳动。孙思邈很有把握地说："让我来试试吧！"

他取出银针，对准穴位一针扎下去，又把药粉灌进产妇的嘴里……那产妇的胸口开始起伏，眼皮缓缓睁开，高高隆起的腹部也蠕动起来，随着"哇"的一声啼哭，一个白白胖胖的婴儿出生了。

众人惊呆，好久才回过神，连声感谢孙思邈一针救了两条命。

### 精要絮语

唐代是我国封建社会的全盛时期，孙思邈为古代医学发展做出了巨大贡献，他高尚的医德和精湛的医术一直流传至今。

## ⊙ 堪比西天取经的"一言止杀"

成吉思汗率领蒙古军队横扫欧亚大陆，这位帝王在他征服几十个国家的过程中，也因连年战乱和直接屠城，让很多人死于非命。

正是这样的腥风血雨，让远在山东的一位道长心在滴血，他就是全真道人——丘处机。

丘处机自拜入王重阳门下，潜心苦修，渐渐名满天下。1203 年，丘处机开始任全真道教第五任掌教，从者如云。江湖盛传，他已经参破红尘，可以呼风唤雨，腾云驾雾，并成为远近闻名的养生专家。

关键是最后这一点——养生，吸引了当时的金、宋、蒙等各个帝王的目光，纷纷邀他入宫，但他始终不为所动。

直到他得到一个消息——成吉思汗想与他结交。

## 第七章 五行八作的痕迹：明灭着人间最动人的烟火

一个修道之人，一个草原霸主，能有怎样的交集？

成吉思汗感兴趣的，当然不是艰涩的道家理论，而是道家的养生之学。但这让丘处机看到了机会，他想利用成吉思汗对自己的期待，让他放下屠刀。

公元1219年，成吉思汗在西域攻城略地，一路追杀，只能派大臣刘仲禄带着亲笔信前来邀请。丘处机年事已高，何况又路途遥远，众多道友强烈反对丘处机前往，并劝他说："成吉思汗杀人如麻，谁能保证他能听进道长的劝告？"

"谢谢大家的关心，这次机会很宝贵，也是老天爷的决定，也许真的可以拯救天下苍生。"丘处机下定决心答道。

丘处机还告诉大家："蒙古大军统一西域之后，必然挥兵南下，无论是金、宋，还是西夏，都无法阻挡蒙古人的铁蹄。战争一起，中原大地必将生灵涂炭，沦为人间地狱。而可以避免这一切的人，就是成吉思汗。"

道家的济世情怀和悲天悯人让他把个人安危置之度外。丘处机说服众人，于1220年农历正月，率领18名徒弟出发了。这时他已71岁。

旅途中的丘处机，克服了水土、气候、饮食、病痛等种种困难，还遭遇了几次土匪。

几个月后，丘处机的团队抵达燕京。然而，此时的成吉思汗却已转战中亚。徒弟们纷纷劝他返回山东，但丘处机略一思索，决定继续往西。

他很清楚，若是等下去，很可能丧失这次宝贵机会，而苍天还能留给自己多少时间呢？

为了躲避战乱，一行人绕道而行。沿途只见民生凋敝，十室几空。他们先北上再向西行，横穿蒙古高原前往阿姆河（今乌兹别克与阿富汗界河）南岸。

途中很多徒弟先后病亡，一行人中只有五人陪他走到最后。

公元1222年4月，丘处机终于抵达兴都库什山（今阿富汗），见到了成吉思汗。

成吉思汗比丘处机整整小了14岁，在一生大小一百多场战斗中，未遇敌手，养成了极其残忍自负的性格。因长期野外作战和精神压力，让他患上了严重的支气管炎、高血压和心脏病。此时，他还有一个使命就是如何统治那些已经被他征服的广袤地区，这已成为沉重的负担。

同时，成吉思汗已成为秦始皇第二——他正四处寻找长生秘诀，希望生命更久些，哪怕老天再给他十年，他能征服整个欧亚大陆。

丘处机就是他长生的希望。

到了蒙古大营，丘处机才知道，这些年蒙古大军横扫之处，因战争而死去的人，比他想象的要多得多。

万幸的是，成吉思汗很少听别人的规劝，但丘处机的话，却让他深信不疑：欲长生，少杀生！

面对一脸渴望的成吉思汗，丘处机一字一顿地说："还要敬天爱民，清心寡欲。"

心如铁石的成吉思汗心动了，他让耶律楚材将丘处机的言论结集成册，并制定了"止杀令"。

丘处机在蒙古大营停留将近一年，在二人多次的谈话中，丘处机以长生为引，成功地向成吉思汗灌输了三个观念：一是治国之理——止杀；二是养生之道——清心；三是教民之法——修德。

这是一次意义重大的会面。

"天苍苍兮临下土，胡为不救万灵苦？"丘处机借此将敬天爱民的理念植根于成吉思汗的内心，以道家的慈悲胸怀感化了征服者的残酷，没有人可以估算出他这次西行挽救了多少人的生命。

1223年的春天，这位75岁的老人辞别成吉思汗，踏上归途。

此次壮举，使丘处机成为一个具有划时代意义的人物，在成吉思汗打遍天下无对手、灭国无数的情况下，因丘处机的到来，使他的军队以及后来的子孙们在灭宋之时却少有屠城，保留了中国的历史文化和珍贵的建筑遗产。

至今，北京白云观丘祖殿仍悬有乾隆皇帝题写的一副著名对联：

万古长生，不用餐霞求秘诀；

一言止杀，始知济世有奇功。

从此，"一言止杀"成为概括丘处机贡献的常用词。

第七章　五行八作的痕迹：明灭着人间最动人的烟火

1227年8月22日，丘处机辞世，享年80岁。巧合的是，三天之后，一代天骄成吉思汗因病去世，享年66岁。

丘处机成为历史上为数不多的改变成吉思汗的人。

一言止杀，万古长青。

**精要絮语**

西天取经是神话故事，而一言止杀却是丘处机凡胎肉身的千万里跋涉，是一位古稀老人挽救天下苍生的壮举，值得历史铭记。

## ⊙ 历史上最早的"CFO"

"孔门十哲"之一的冉有，是一位颇有争议的人物，争议来自他擅长理财。

冉有是春秋时期鲁国人，周文王第十子冉季载的嫡裔。当年孔子周游列国，鲁国季氏身边缺乏谋臣，冉有因擅长理财被推荐到季氏身边。在孔子眼里，冉有"千室之邑，百乘之家，可使为之宰"，因此当冉有跟随了季氏，孔子认为冉有定被鲁国重用。果然，冉有做了季氏的家臣，最后做到了家宰的高位。

两千多年后的今天，企业治理结构发展到了一个新阶段，其中最显著的标志之一就是设立首席财务官——CFO。从这个角度上看，冉有堪称中国历史上最早的CFO。

冉有先后当过孔子和季子的CFO，他的理财能力在《论语》中有直接的体现（详见《子华使于齐》）。子华（公西赤）出使齐国时，他的母亲向孔子请求带些粮食。孔子说："给六斗四升。"那时作为孔府管家的冉有，请求再多给一些。孔子说："再加二斗四升。"冉有则直接给了子华母亲粮食八十斛（即四十斗）。孔子说："公西华出使齐国，是乘高头大马，鲜衣华服，我听闻君子是救急而不周济富人的。"

冉有的理财能力和争议也就在此体现了。冉有是在孔子家里当总管，所以才能分配孔子家里的粮食，秉承理财投资的理念，一定是把钱投给有钱人，这样收益更稳定也更大，所以冉有才不顾孔子的命令，给了子华的母亲四十斗的粮食。

后来，冉有替季氏积累财富的过程，又引起了孔子对这个学生的不满，他说道："季氏的财富比周王还多呢，冉有再这样帮他聚敛累加，不是使他财富更多吗？"孔子不加掩饰地表达不满，还对其他弟子说："冉有不是我的徒弟，你们大家可以大张旗鼓地批评他。"据说，孔子也因这件事开除了冉有的学籍。

但是从另一个方面，冉有能使季氏财富增加，正说明冉有的理财能力很强，这也是他应该被欣赏的地方。孔子晚年与子路的一段对话，体现了孔子对冉有的复杂态度。

子路问孔子怎样才能成为一个完人，子曰："若臧武仲之知，公绰之不欲，卞庄子之勇，冉求之艺，文之以礼乐，亦可以为成人矣。"即要有臧武仲的智慧，孟公绰的不贪婪，卞庄子的勇敢，冉有的多才多艺，再用礼乐增加文采，就可以算是完人了。

孔子教授"孔门十哲"时分为四个科目：德行、言语、政事、文学。而子路和冉有，都是以政事著称，"求也，千室之邑，百乘之家，可使为之宰也，不知其仁也"。孔子认为冉有比子路更擅长为政，子路擅长治理军政，而冉有对所有的事情都可以治理，可以做一个县（千户之邑）的行政长官。但是，其是否仁德还有待考察。

从这里可以得知，孔子虽肯定冉有的才华和能力，但在某些事情上仍对冉有不放心。

不过，从孔子与冉有的另一件互动，可以证明冉有确实具有常人不及的思想，看待事件视角独特，这就是《论语·子路篇》。

子适卫，冉有仆。子曰："庶矣哉！"冉有曰："既庶矣，又何加焉？"

曰:"富之。"曰:"既富矣,又何加焉?"曰:"教之。"

这段话无须翻译,说的是执政者对国民"庶"(人口增加)后富之、教之(教化)的过程,可见冉有在两千多年前,对物质、精神和道德已经具有超乎众人之上的思考了。

今天,我们的人口"庶"了不知多少倍,而"富"与"教"的道路,似乎还需要向更高的目标进取。

冉有与老师孔子之间也有一个彼此认知的过程。冉有为季氏理财,为其增加财富是冉有的职责使命所在,所谓在其位谋其政,如果他没把季氏的财产管理好那才是真正的失职。冉有对孔子的尊重也是有目共睹的,不但接受老师的观点,并在孔子落难之际伸出援助之手。

鲁哀公十一年(公元前484年),鲁国的强邻齐国发生战争,即史上著名的齐、鲁、宋之间的郎之战。冉有将"御齐三策"献给季氏,御敌于国门之外,再用诱敌深入和关门打狗的战法,国君不出战,直接留守国都,季氏率军出击,背城而战,冉有出任将军,率领鲁国的左师出击,置之死地而后生,最后取得了鲁国保卫战的胜利。从此"冉有奋力战于郎,孔子周游归故乡"。

正因为郎之战的胜利,冉有说服了国君,迎回了在外漂泊周游了十四年的孔子。而冉有在孔子的教导下逐渐向仁德靠拢,性情也因此逐渐成熟,成为"孔门十哲"之一。

### 精要絮语

师生之间的磨合、互动,自古有之。冉有从为孔子和季子管家理财,到对一县一国的施政理念,以及对社会发展的思考,再到带兵打仗,似乎全才,但孔子并不完全认同,留给后世的是绵绵不绝的思考。

## ⦿ 两千多年前的"心理医生"

西汉初期，已有人懂得用文章治病，他就是《七发》的作者枚乘。

单说枚乘，很难形成完整印象。但如果提到以下人物，提到枚乘与他们之间千丝万缕，就容易使其形象立体起来。

西汉时期，高祖刘邦分封诸侯王，枚乘开始作为吴王刘濞（刘邦的侄子，刘仲之子）的私人医生，后来又做过梁王刘武（汉文帝刘恒次子，汉景帝刘启同母弟，母亲为窦太后）的门客。再看与他们相关联的人物：被刘恒先立后废的栗姬所生的太子刘荣、刘荣的祖母窦漪房、长公主刘嫖、王美人王娡，以及后来成为汉武帝的胶东王刘彻。

混迹于这一众人物之中，枚乘做着"以文救人"的事业，想不成人物都难。

这一时期同时发生的，还有一件大事——七王之乱，发起者即为刘濞。汉景帝即位后，御史大夫晁错提议削弱诸侯王势力、加强中央集权，先后下诏削夺楚、赵等诸侯国的封地，就在这时，吴王刘濞联合楚王刘戊、赵王刘遂、济南王刘辟光、淄川王刘贤、胶西王刘卬等刘姓宗室诸侯王，以"清君侧"为名叛乱。

枚乘虽出生年代不详，但卒于公元前140年，这样的背景告诉我们，他生活的年代跨越了汉景帝、汉文帝和汉武帝时期。

刘濞广招四方游士时，枚乘以文辩著名。七王之乱前后，枚乘就两次上谏刘濞，提出自己的观点，很受刘濞重视，其观点亦被采纳。

这时候，枚乘就高调登场了。

枚乘生于古淮阴，除了懂些医术，还是一位作家，文学上的主要成就是辞赋，《汉书·艺文志》著录"枚乘赋九篇"。他以文章救人的故事，就来自这篇《七发》。

## 第七章　五行八作的痕迹：明灭着人间最动人的烟火

为谁治病呢？

除了以上刘姓宗室，涉及的还有楚元王。楚元王的太子与吴王刘濞交好，亲如兄弟。于是当楚太子患病，吴王刘濞就派门客枚乘前去探望，即"楚太子有疾，吴客往问之"。

旧时，作为门客，断无白丁，一定博学多才，能言善辩，风趣幽默，唯有这样才能在主人遇事需要协助时，门客能够做出正确的决策，此外还要在日常能够陪伴主人闲聊散心。

《汉书·王褒传》有过这样的记载："太子体不安，忽忽善忘不乐，诏使褒等皆至太子宫虞侍太子，朝夕诵读奇文及所自造作，疾平复，乃归。"

可见，受命前往楚地问候楚太子疾病的，不仅仅枚乘，还有其他同僚。但这些人中，唯有枚乘正确"诊断"出楚太子的病因和给出治疗方法：贪欲过度，享乐无时，不是一般的用药和针灸可以治愈，只能"以要言妙道说而去也"。

这时大约处于汉文帝中期，吴王刘濞对朝廷多有怨怼，枚乘40岁左右，他的博学和丰富的人生阅历让他大显身手，通过与"病人"楚太子之间"采访"式的一问一答，构成七大段文字，即为《七发》。

文章从"疾"字的诱因，引出一连串生活方式的劝诫，用今天的方式，就是心理医生上场分析病因，进行心理疏导。

吴客分别描述音乐、饮食、乘车、游宴、田猎、观涛六件事的乐趣，一步步诱导太子改变生活方式；最后又向太子引见"方术之士"，"论天下之精微，理万物之是非"，他把一大批博学而有理论功底的人的思想观点推荐给楚太子，比如庄周、魏牟、杨朱、墨翟、便蜎、詹何等人，让他们那些精深微妙的道理、明辨万事万物是非曲直的学问和智慧，为楚太子滋养心灵；请出孔子、老子的思想观点用于审察评说；用孟子的筹划计算技能服务于自己的经世立身。枚乘告诉楚太子，这些都是天下最切要、最精妙的学说……用精深的知识、高尚通达的文化，提升自己的修养，涵育内心，以此抵制腐朽愚昧的生活方式。

循循善诱之下，楚太子听得入迷，本来病恹恹地躺着，听完吴客的长篇大论，竟然扶着几案站了起来，他高兴地对吴客说："你的话真使我豁然清醒，好像一下子听到了圣人辩士的言论了。"

随之，太子出了一身汗，忽然之间病症全消，"涩然汗出，霍然病已"。

### 精要絮语

能让楚太子"涩然汗出"，说明吴客的话对太子的内心触及之深。这种以谈话诊疗的方式，类似今天的心理医生以接近病人内心的诱导方式，从精神上疏导、劝慰，使对方醍醐灌顶、豁然开朗，达到治愈心理疾病的目的，实乃同出一理。

# 参考文献

[1] 中华书局. 后汉书 [M]. 北京：中华书局，1965.

[2] 中华书局. 资治通鉴 [M]. 北京：中华书局，1956.

[3] 中华书局. 两汉纪 [M]. 北京：中华书局，2002.

[4] 王曙. 唐诗故事集 [M]. 北京：地质出版社，1995.

[5] 臧瀚之.《史记》故事（上、下）[M]. 北京：京华出版社，2002.

[6] 臧瀚之.《资治通鉴》故事（上、下）[M]. 北京：京华出版社，2002.

[7] 当年明月. 明朝那些事儿 [M]. 浙江：浙江人民出版社，2021.

[8] 余耀华. 管仲——他为霸业而生 [M]. 北京：华文出版社，2017.

[9] 史泠歌，王曾瑜. 宗泽李纲评传 [M]. 北京：中国书籍出版社，2020.

[10] 陈振. 宋史 [M]. 上海：上海人民出版社，2020.

[11] 李雨堂. 狄青初传 [M]. 北京：中国文史出版社，2011.

[12] 赵云田. 中国历代开国与亡国皇帝 [M]. 石家庄：河北人民出版社，1987.

[13] 王振兴. 中国皇子的八种命运 [M]. 辽宁：辽宁人民出版社，2021.

[14] 刘小川. 李煜传 [M]. 武汉：长江文艺出版社，2021.

[15] 刘行光. 中国古代九大公主 [M]. 北京：中国华侨出版社，2012.

[16] 韩石山. 边将 [M]. 郑州：河南文艺出版社，2018.

[17] 冯国超. 唐太宗传 [M]. 北京：中国戏剧出版社，2001.

[18] 金性尧. 陈桥崖海须臾事 [M]. 北京：中国国际广播出版社，2007.

[19] 孟慧贤. 清廉魏徵 [M]. 北京：花山文艺出版社，2014.

[20] 彭玲. 夺命书香 [M]. 北京：线装书局，2020.

[21]（美）史景迁. 史景迁作品 [M]. 广西：广西师范大学出版社，2011.

[22] 王海龙. 遭遇史景迁[M]. 上海：上海书店出版社，2007.

[23] 艾莈. 岂是少跪一条腿——1793年马戛尔尼使团访华全部真相[M]. 北京：中国书籍出版社，2021.

[24] 孟宪实. 武则天研究[M]. 成都：四川人民出版社，2021.